AF502659

ESSAI

SUR LES

BIBLIOTHÈQUES ADMINISTRATIVES.

ESSAI

SUR LES

BIBLIOTHÈQUES ADMINISTRATIVES

PAR **LÉON VIDAL,**

Chef de bureau, Conservateur de la collection des documens et ouvrages
administratifs au Ministère de l'Intérieur.

(2ᵉ ÉDITION.)

PARIS,

Chez LEVAVASSEUR et Cⁱᵉ, éditeurs, rue Jacob, 14.

1843.

Dieppe. — Imprimerie de E. de MONTFERRIER.

Avis préliminaire.

Prouver, dans les quelques pages qui suivent, l'utilité des bibliothèques administratives et donner des conseils sur leur composition et les moyens de les agrandir, tel a été le but de mon travail. Le sujet que je traite m'a paru d'autant plus digne d'être signalé à l'attention du gouvernement, des fonctionnaires et du public, qu'on ne s'est pas assez occupé des bibliothèques au point de vue que j'ai choisi, celui de leur utilité pour l'exercice de l'administration.

Plusieurs travaux intéressans ont été publiés à diverses époques sur les bibliothèques publiques de Paris, des départemens et de l'étranger. On a donné le nombre et fait connaître les richesses de ces vastes dépôts de la science. Grâce à ces renseignemens, on sait que la capitale possède huit bibliothèques à l'usage du public et dont le contenu présente un total de quinze cent mille volumes; ce qui fait un volume et demi par habitant (1); on sait encore que les départemens ont en tout deux cent quatre-vingts bibliothèques et que le total des volumes existant dans les bibliothèques publiques en France s'élève à environ douze millions; ce qui fait à peu près un volume pour trois habitans. Des catalogues remarquables ont énuméré les richesses de plusieurs bibliothèques nationales, royales et même particulières ; je n'ai pas besoin de les citer, ils sont suffisamment connus.

Mais on n'a jamais considéré les dépôts de livres sous le rapport unique du service administratif, on n'a pas fait connaître en détail et d'une manière complète ceux qui existent actuellement dans les ministères et les établissemens qui en dépendent. On n'a pas demandé la création ou le développement de ces bibliothèques comme moyens et auxiliaires nécessaires de l'administration pratique. C'est le but que je me suis proposé. En un mot, j'ai voulu démontrer l'utilité des bibliothèques administratives, indiquer les bases de leur composition, ainsi que les moyens à adopter pour les augmenter, les tenir au courant et les compléter. J'ai présenté en même temps un tableau statistique des bibliothèques appartenant aux ministères et à leurs dépendan-

ces, afin de montrer que les premiers élémens de ces utiles dépôts existent partout,
et qu'il faut seulement les développer.

J'espère que ces notes rapides, inspirées
par le désir d'être utile à l'administration
de mon pays, seront accueillies avec bienveillance et faveur. Mon but sera atteint si
j'ai pu appeler et arrêter un moment
l'attention sérieuse du gouvernement, des
assemblées législatives et des administrateurs sur un objet aussi digne de leur
intérêt et de leur sollicitude.

Chapitre I.

Utilité des Bibliothèques administratives.

La connaissance des lois administratives et de leurs nombreuses interprétations est indispensable, chacun le comprend, à tous les fonctionnaires et employés de l'ordre administratif. La pratique ne suffit pas, il faut encore pouvoir appeler à son appui la théorie et les commentaires. Les traditions de bureaux, les précédens administratifs sont utiles, mais ne forment pas l'instruction complète qui est nécessaire aux agens du gouvernement. A côté de la loi civile et de la loi pénale qu'ils sont appelés à appliquer se placent la loi administrative et la jurisprudence résultant des instructions ministérielles.

Les fonctionnaires et les employés sous leurs ordres, qui forment ce qu'on appelle le personnel de l'administration, possèdent, je n'en doute pas, la connaissance générale de ces diverses législations. Elle est exigée, dans des proportions diverses, de tous les candidats aux emplois de cette nature par les réglemens ministériels. L'étude du droit administratif a pris, depuis quelque temps, un développement remarquable. Des chaires ont .été établies pour cet enseignement, et les auditeurs ne manquent pas autour d'elles. Toutefois cette connaissance générale des lois civiles et administratives ne suffit pas, il faut pour la pratique une science de détails qui ne peut s'acquérir qu'avec la plus grande peine ou la plus longue expérience. Il est aussi une nature de renseignemens dont la mémoire la plus puissante ne parviendrait pas à retenir les mille détails.

Les bibliothèques administratives, en plaçant sous la main des fonctionnaires et des employés les divers documens composant la législation, la jurisprudence, le droit administratif et toutes les branches qui s'y rattachent, fournissent cette instruction pratique, indispensable pour le travail du cabinet et des bureaux.

Les ministères et les grandes administrations publiques doivent posséder des bibliothèques administratives, c'est-à-dire des collections de livres spéciaux, utiles à leurs travaux et en rapport avec leurs attributions. Ces bibliothèques sont nécessaires dans tous les établissemens qui ont à s'occuper officiellement des intérêts publics et privés, collectifs et individuels du pays, qui ont des affaires à instruire et des décisions à prendre, en un mot, dans toute administration publique. Aux ministères, ces collections sont indispensables pour le service du ministre, des chefs et des employés.

Sans doute les administrations pourraient trouver, avec plus ou moins de facilité, dans les grandes bibliothèques nationales, les ouvrages et les documens dont elles peuvent avoir besoin pour l'instruction des affaires qui leur sont soumises et l'enseignement de leur personnel, mais outre la difficulté du déplacement de ces objets, un autre obstacle gênerait encore le service : C'est le nombre de ceux qu'il faut desservir. Tandis qu'un ministère tiendrait un document, les autres, ainsi que le public, en seraient privés. Il faut donc à ces administrations une collection des livres les plus usuels, disponibles à tout instant pour leurs bureaux. Il faut que chacune de ces administrations ait d'abord les mêmes livres généraux, puis les livres qui correspondent à ses attributions et à ses travaux spéciaux.

Ces bibliothèques doivent avoir cette grandeur qu'appellent l'étendue des travaux ministériels, leur importance morale et matérielle, l'influence qu'ils exercent sur tous les intérêts du pays.

L'établissement de bibliothèques administratives, appropriées à ces travaux et à cette mission, doit avoir lieu, non-seulement dans les grands ministères, dans les hautes administrations centrales de Paris, dans les préfectures et les sous-préfectures, mais encore dans les mairies, les académies et les facultés, les divisions militaires et les administrations financières, les évêchés et les consistoires, les ambassades et les consulats, enfin dans toutes les institutions où on a des affaires à instruire et des décisions à prendre. Le gouvernement ne saurait trop conseiller et favoriser de semblables créations qui rendent plus de services qu'elles ne coûtent de dépenses. Les ministres doivent en surveiller la

composition et l'agrandissement dans les établissemens qui sont soumis à leur direction hiérarchique.

Tous les citoyens, autant que l'Etat, le gouvernement, l'administration publique, sont intéressés
à ce que l'instruction des affaires publiques et des
affaires privées dans leur rapport avec l'administration se fasse avec tout le soin et toutes les lumières désirables. Les fonctionnaires chargés de
tant et de si graves travaux ne sauraient donc être
entourés de trop de moyens propres à les éclairer
quand il s'agit pour eux de prononcer sur les questions sérieuses qui leur sont soumises.

Aussi l'utilité des bibliothèques administratives
est-elle hors de discussion; elle n'a pas besoin
d'être démontrée, tout le monde l'admet, les
fonctionnaires, les administrateurs, les employés
intelligens et laborieux, plus que tous les autres.

Chapitre II.

Statistique des Bibliothèques administratives.

Quoique la nécessité des bibliothèques administratives soit reconnue, leur existence dans les
grands établissemens qui sont créés pour s'occuper
des affaires du pays n'est pas encore aussi générale qu'on devrait le croire. C'est à peine si ces uti-

les collections existent dans quelques ministères et dans quelques administrations publiques de Paris et des départemens.

Tous ces établissemens ont, il est vrai, soit des archives, dont quelques-unes contiennent des documens précieux, soit des bibliothèques ordinaires où se trouvent des livres d'un certain mérite; mais à part quelques-uns, ils ne possèdent pas de véritables bibliothèques administratives.

En suivant l'ordre officiel des ministères et de leurs dépendances, je vais présenter quelques renseignemens sur les bibliothèques qui sont établies dans ces administrations, qui s'approchent, plus ou moins, de ce caractère ou le possèdent complètement.

Je ne veux m'occuper spécialement ici que des bibliothèques administratives, c'est-à-dire de celles qui, appartenant à une administration, doivent servir à l'exercice de cette administration. Ainsi je laisserai de côté les grandes bibliothèques publiques, les bibliothèques particulières du Roi et des châteaux royaux. Quant à celles de la chambre des pairs et de la chambre des députés, quoique fort remarquables par leur composition et le nombre des ouvrages qu'elles contiennent, elles n'entrent pas dans le cadre que je me suis tracé; toutefois elles méritent une mention spéciale.

La bibliothèque de la chambre des pairs remonte à l'établissement du Sénat. Sans être entièrement étrangère à la théologie, aux arts et à la littérature, elle est surtout intéressante par ses collections de jurisprudence, de politique, d'économie politique, d'histoire et de législation française et étrangère. Sur environ 18,000 volumes dont elle se compose, plus de 16,000 appartiennent à ces dernières divisions de la bibliographie. Mais les parties les plus précieuses de ce dépôt sont : 1° une collection manuscrite des registres du parlement de Paris, depuis 1254 jusqu'à sa dissolution; elle paraît avoir été commencée par les soins de F. Dugué, conseiller au parlement en 1636; 2° un recueil de discours des gens du Roi, tenu depuis 1364 jusqu'en 1523, recueil qui a été fait par les ordres de l'avocat-général Le Pelletier de Saint-Fargeau; 3° des registres, également manuscrits, contenant des procès faits aux grands du royaume, depuis les premiers temps de la monarchie jusqu'au commencement du xviiie siècle ; 4° une collection qui renferme plus de 40,000 cartes, gravures et plans.

La bibliothèque de la chambre des députés se compose d'environ 52,000 volumes; c'est l'ancienne bibliothèque du corps législatif; elle est remarquable par sa composition. Elle comprend des livres sur toutes les matières ; mais, depuis quelque temps, on a fait porter les acquisitions presque exclusivement sur les ouvrages de jurisprudence, d'histoire et d'économie politique. Cette bibliothèque comprend quelques imprimés rares et des manuscrits parmi lesquels on remarque plusieurs manuscrits autographes de J.-J. Rousseau, tels que des brouillons ou premiers jets de beaucoup de lettres de la *Nouvelle-Héloïse;* deux copies, dont l'une avec les dessins originaux de Gravetot, du même ouvrage; une copie d'*Emile;* une copie de la partition du *Devin du Village,* et le manuscrit des *Confessions,* d'après lequel a été donnée, en 1801, la première édition complète de cet ouvrage. Cette bibliothèque est uniquement destinée au service de la chambre des députés.

Voyons maintenant quelle est la situation actuelle des bibliothèques appartenant aux ministères et aux grands établissemens d'administration, d'enseignement et de justice qui ressortissent à leurs attributions.

Chapitre III.

Ministère de la Justice et des Cultes. — Conseil-d'Etat. — Cour de Cassation.

§ I.

Le ministère de la justice contient dans son administration centrale deux bibliothèques, celle de la chancellerie et celle de la direction des cultes.

La première se compose d'ouvrages de droit, d'histoire, etc., qui sont conservés, en partie, à la section des archives de la chancellerie, et en partie, au cabinet particulier du ministre. Le nombre des ouvrages qui les composent est évalué à 12,000, mais je pense que cette évaluation est exagérée, au moins en ce qui concerne les livres, plus précieux par leur nature que par leur nombre.

On cite parmi les plus remarquables : 1° collection d'édits, ordonnances, arrêts, etc., du XVIIIe siècle, 152 volumes in-4°; 2° collection d'ordonnances et réglemens sur les armées de terre et de mer, de 1663 à 1792, 37 volumes in-folio; 3° ordonnances des Rois de France de la troisième race, 19 volumes in-folio; 4° procès-verbaux des diverses assemblées législatives depuis 1789 jusqu'à ce jour, 530 volumes in-8°; 5° recueil des actes publics pendant la domination française en Belgique, dans les départemens de la rive gauche du Rhin, dans le Piémont, dans la Toscane, à Rome, dans les provinces Illyriennes, etc., 122 volumes in-4° et in-8°; 6° recueil des projets des codes, des observations des cours et tribunaux, etc., 50 volumes in-4°; 7° la liste des émigrés, 2 volumes in-folio et in-8°; 8° une copie des registres du parlement de Paris, de 1254 à 1766, 250 volumes in-folio.

La partie la plus riche de la bibliothèque de la chancellerie appartient par sa nature aux archives.

En effet, ces archives contiennent parmi leurs documens les plus précieux les registres de l'ancienne chancellerie, de 1765 à 1792. Les originaux

1° des lois de l'État depuis 1789 jusqu'à ce jour, en exécution de la loi du 5 novembre 1790 (art. 1er et 3), de celle du 17 juin 1791 (art. 82-84), de la constitution de 1791 (titre III, chap. IV, section 1re, art. 2), de la loi du 5 août 1792 (art. 4), de l'arrêté du 28 nivôse an VIII (art. 3) et du sénatus-consulte organique du 28 floréal an XII (art. 139);

2° Des ordonnances du Roi prescrivant la publication des traités et conventions;

3° Des ordonnances et décisions royales contresignées par le garde-des-sceaux;

4° Des diverses ordonnances contresignées par le président du conseil et d'autres ministres;

5° Des avis du conseil d'administration, établi en 1822 près du ministère de la justice, pour statuer sur toutes les affaires importantes ou difficiles, ou encore qui ressortissent à plusieurs divisions de ce ministère : en vertu de l'ordonnance royale du 31 octobre 1830, ce conseil délibère sur les affaires dont la connaissance était précédemment attribuée à la commission des sceaux :

6° Des arrêtés du ministère de la justice, à partir de l'an IV;

7° Des circulaires du ministère de la justice, à partir de 1790;

8° Des arrêtés du comité de législation de la Convention, déposés en vertu de l'arrêté du Directoire du 1er nivôse an IV.

A côté de ces actes originaux dont il vient d'être fait mention se trouvent des ampliations :

1° Des décrets impériaux et autres actes du gouvernement rendus antérieurement à 1814, sur le rapport du ministre de la justice;

2° Des décrets, ordonnances, etc., transmis par les divers ministères pour l'inscription au Bulletin des Lois;

3° Des avis du Conseil d'État.

Les archives de la chancellerie possèdent aussi :

Le registre constatant la promulgation des lois, en exécution de l'ordonnance royale du 27 novembre 1816;

Les anciens tableaux de publication de l'an iv à 1816;

Le répertoire des décisions du ministre de la justice.

Les archives de l'ancienne secrétairie d'État et celle du Conseil d'État, riches toutes deux des plus précieux documens, pourraient être rattachées aussi à la bibliothèque du ministère de la justice; mais comme elles sortent réellement du cadre que je crois devoir donner aux bibliothèques administratives, et qu'elles rentrent entièrement dans la classe des archives, je me contenterai de les mentionner. Ceux qui voudront connaître leurs richesses pourront consulter les détails donnés sur ces collections par MM. Macarel et Boulatignier, dans leur excellent ouvrage *de la Fortune publique en France et de son Administration* (2).

La direction des cultes a aussi une bibliothèque, peu considérable et plus remarquable encore par l'intéressante composition des archives que par le nombre et la nature des livres. Ces archives ne remontent seulement à l'époque des premières négociations relatives au rétablissement du culte en France, en l'an IX (1800).

Elles contiennent : 1° la collection générale des dossiers relatifs aux affaires traitées dans le ministère, formant 912 liasses parfaitement classées ; 2° les registres de la correspondance du ministre des cultes, depuis 1802 jusqu'aux premières années de la Restauration. Ces registres sont au nombre de 200, dont 120 appartiennent à la division du culte catholique, 35 à la division des cultes non catholiques, et le reste à la division de la comptabilité ; 3° la collection particulière des pièces qui contiennent des précédens utiles à consulter ou des documens généraux utiles à consulter sous le rapport historique et administratif ; ces pièces remplissent plus de 100 cartons ; 4° enfin les documens provenant des archives du cardinal Caprara, légat du pape en France, qui sont relatives aux affaires ecclésiastiques de 1800 à 1810 et forment 14 cartons.

§ II.

Le Conseil d'État s'est servi d'abord de la belle bibliothèque du Louvre formée pour le Directoire, qui se compose de plus de 30,000 volumes, et qui avait été affectée à son usage par l'Empereur Napoléon. On la désignait sous le nom de bibliothèque du Conseil d'État, en vertu du décret du 5 février 1810, qui lui destinait, à ce titre, des exemplaires de tous les ouvrages publiés en France.

Sous la Restauration, la propriété de cette bibliothèque fut revendiquée par la liste civile; toutefois, comme le Conseil d'État siégeait au Louvre, il conservait un certain usufruit de la bibliothèque. Lorsqu'il fut installé dans l'hôtel de la rue Saint-Dominique, le Roi Louis-Philippe voulut le dédommager de la privation des avantages qu'il retirait de cet usufruit. Il lui accorda une indemnité pécuniaire pour lui fournir les moyens de former les bases d'une nouvelle bibliothèque qui lui serait tout-à-fait spéciale.

Cette collection naissante n'est donc pas riche; elle ne se compose encore que de recueils de jurisprudence et de quelques ouvrages spéciaux offerts en hommage ou achetés sur une faible allocation annuelle affectée à cette destination. Un tel état de choses, il faut en convenir, est peu en rapport avec la grandeur des attributions du Conseil d'État et avec les études graves, étendues et incessantes auxquelles doivent se livrer les membres qui le composent. Il faut espérer que le gouvernement avisera à le faire cesser et à doter ce grand tribunal administratif d'une bibliothèque digne de lui.

§ III.

La bibliothèque de la cour de cassation est fort remarquable, elle se compose d'environ 36,000 volumes; celle du tribunal de première instance en a 25,000; celle de l'ordre des avocats, 5,000, et celle de l'imprimerie royale, recommencée en 1819, a environ 3,000 volumes aujourd'hui.

Chapitre IV.

Ministère des Affaires étrangères.

Il existe aux archives du ministère des affaires étrangères une bibliothèque administrative. La collection de cartes géographiques qui s'y trouve en comprend plus de 20,000. Elles contiennent des ouvrages précieux; on évalue le nombre des livres appartenant à cette bibliothèque à 16,000 volumes.

La richesse de ces archives consiste surtout : 1° en collections de traités, conventions, rectifications, pleins pouvoirs et autres documens de même nature, formant près de 6,000 cartons; 2° en correspondances diplomatiques et consulaires, comprenant plus de 40,000 volumes, dont le contenu est indiqué dans des tables analytiques destinées à servir au travail courant du ministère; 3° en collections de documens topographiques relatives aux démarcations des limites du royaume, aux diverses époques de notre histoire, et formant plus de 400 volumes ou cartons.

Chapitre V.

Ministère de la Guerre. — Dépôt de la Guerre. — Dépôt des Fortifications. — Dépôt de l'Artillerie. — Hôtel des Invalides.

§ I.

La véritable bibliothèque du ministère de la guerre est l'établissement connu sous le nom du dépôt de la guerre. Son origine date, on le sait, de la grande époque du règne de Louis XIV et du ministère de Louvois. Ce fut ce ministre qui en forma les bases en réunissant à l'hôtel du ministère de la guerre, à Versailles, tous les documens relatifs à ce département. Louvois s'était réservé pour lui-même la direction de cette collection, tant il en sentait l'importance. Elle fut ensuite transportée à Paris, aux Invalides, puis encore transférée à Versailles en 1761. M. de Vault, son directeur, lui donna alors un essor prononcé, et lui-même, aidé des documens qu'il y trouvait, rédigea l'historique des diverses campagnes, ouvrage qui commence à 1672 et finit à la paix de 1763. Il se compose de 117 volumes, de 5 volumes de tables et de 14 volumes supplémentaires.

Les ingénieurs-géographes, ainsi que les cartes et plans, furent réunis au dépôt de la guerre dans cette même année 1761.

En 1791, le dépôt de la guerre fut transporté à Paris, puis amoindri jusqu'au moment où les grands événemens qui agitaient l'Europe vinrent lui donner l'importance que sa destination lui assignait. Le 25 avril 1792, le réglement suivant fut arrêté pour la direction générale du dépôt.

« Il contient : 1°. la correspondance des généraux et des ministres pendant nos dernières guerres, les détails les plus circonstanciés sur les mouvemens de nos armées, les reconnaissances les plus étendues sur les pays où elles ont agi, le précis historique des campagnes de ce siècle et de la fin du siècle précédent, fondé sur les pièces originales ; enfin, partie des décisions importantes du gouvernement, relatives aux mouvemens militaires ;

» 2° Les cartes de la plus grande partie de nos côtes et de nos frontières, qui ont été levées par les officiers du génie ou par les ingénieurs-géographes militaires, les dessins à la main des camps occupés par nos armées en Allemagne, une collection des principales cartes gravées de toutes les parties de l'Europe, et un très-grand nombre de plans et de mémoires composés par les officiers de l'état-major de l'armée.

» L'officier de l'armée auquel le Roi confiera la direction de cette riche collection doit en extraire tout ce que le temps et une expérience éclairée ont pu et pourront y rassembler de connaissances, pour fournir au ministre, ou sur son ordre, par écrit, toutes les pièces qui lui sont nécessaires pour tracer avec sûreté des plans de campagne, pour suivre les principales opérations de l'armée.

» Les mémoires, les plans et tous objets appartenant au département de la guerre, et mis sous la garde du directeur général du dépôt, ne pourront être confiés à qui que ce soit, sans un ordre par écrit du ministre de la guerre. Ces mémoires, plans, etc., seront classés dans un inventaire raisonné, de manière à pouvoir être promptement communiqués au ministre, ou, par ses ordres, à ceux auxquels ils pourraient être utiles pour le service de l'État; le ministre se réserve d'examiner ces objets, soit avec le directeur du dépôt de la guerre, soit avec toute autre personne qu'il jugera convenable, suivant les rapports qui y donneront lieu.

» Il sera procédé, le plus tôt possible, à un inventaire de tout ce qui existe dans le dépôt de la guerre; un double sera déposé dans le cabinet du ministre, et un autre dans les mains du directeur général, qui sera responsable de tout ce qui est confié à sa garde.

» Aucune pièce ne sortira du dépôt, sans un reçu signé de la personne à laquelle le ministre aura ordonné de la remettre pour un temps déterminé; elle y sera ensuite exactement placée, le ministre n'entendant pas se dispenser lui-même d'une for-

malité qui doit conserver le dépôt dans son inté-
grité.

» Les fonctions habituelles du directeur du dépôt de la guerre consisteront :

» 1° A analyser les mémoires militaires, ainsi que
les plans, cartes et reconnaissances existant au dépôt de la guerre, sur chaque partie des côtes et
frontières;

» 2° A indiquer les pièces qu'il conviendra de re-
faire et de vérifier, les parties qui restent à exécuter sur les différentes frontières. (C'est à lui, par
conséquent, qu'il appartiendra de désigner au ministre les opérations topographiques, ainsi que les
observations militaires dont peuvent s'occuper les
adjudans-généraux de l'armée dans leurs divisions
respectives, et réunir ensuite les travaux de ces affaires, pour compléter le tableau des reconnaissances militaires.)

» 3° A calculer, sous les relations militaires, les
avantages et les inconvéniens de tous les changemens de limites à accorder ou à proposer aux puis-
sances étrangères, en les combinant avec le comité
des fortifications ou le directeur du dépôt, qui en
dépend sous le rapport de la défense des places;

» 4° A développer les vues militaires sur l'ouver-
ture des routes, la direction des canaux; l'emplacement des ponts projetés sur les frontières en
faveur du commerce, pour les rendre utiles ou les
empêcher de devenir nuisibles aux dispositions
de défense dont le pays est susceptible;

» 5° A classer, toutes les pièces dans l'ordre le
plus propre à l'instruction militaire, sous tous les
rapports.

» Ces fonctions doivent se concilier avec celles
du directeur du dépôt des fortifications, pour fournir au ministre tous les moyens de lui faire connaître les rapports généraux et les circonstances
locales des frontières où se rassemblent et où doivent se mouvoir nos armées.

» Le dépôt des fortifications, consacré à la description et analyse de nos places de guerre et
des dispositions des camps retranchés, a été confié
à des officiers du génie. Il devait être indépendant
du dépôt général de la guerre; mais le point de
contact de ces deux institutions, ainsi que les secours mutuels qu'elles peuvent se prêter, sont
faits pour être aussi utiles à la chose publique
que propres à en maintenir l'union.

» En conséquence, le directeur du dépôt du
génie aura le droit de demander en communication toutes les pièces dont le dépôt de la guerre
a été enrichi par les travaux exécutés à différentes époques par les officiers du génie. Il pourra
faire prendre des copies de ces pièces, afin que,
sans être obligé de recourir à emprunter les propres
travaux du génie, les membres du comité de ce
corps puissent traiter les parties relatives aux
camps retranchés et aux autres dispositions qui
pourront intéresser le service des ingénieurs. Ces
communications seront réciproques, et le direc-

teur du dépôt de la guerre pourra faire prendre des copies des pièces provenant des travaux des officiers de l'état-major, et qui peuvent se trouver au dépôt des fortifications.

» Quant aux projets de routes, canaux et ponts sur les frontières, qui seront proposés par les ponts-et-chaussées, et qui intéressent si souvent les dispositions militaires pour la défense des frontières, des forteresses et des camps retranchés, lesdits projets seront discutés devant le ministre par les directeurs des dépôts de la guerre et des fortifications.

» Le ministre de l'intérieur sera prié, en conséquence, de donner des ordres aux ingénieurs des ponts-et-chaussées, afin qu'ils se soumettent aux dispositions ci-dessus.

» Le ministre de la guerre tiendra la main à ce qu'on renvoie au dépôt de la guerre tous les plans, cartes, lettres et mémoires militaires des ministres généraux, etc., aussitôt que l'usage ne lui en sera plus utile, et qu'ils y soient placés à demeure, pour y avoir recours suivant le besoin.

» Les présentes dispositions ne changeront en rien celles déjà arrêtées pour le dépôt des fortifications, ni celles relatives au comité et au bureau central, ainsi qu'il est prescrit par les décisions du Roi, en date du 11 décembre 1791.

» Il pourra être adjoint au directeur-général du dépôt de la guerre deux officiers de l'armée, pour l'aider et le suppléer dans les détails qui lui sont confiés, pendant le temps où leur service ne les appellera pas dans les divisions militaires auxquelles ils pourront être attachés. »

Après quelques variations éprouvées sous l'Empire et la Restauration le dépôt de la guerre a été réorganisé après 1830. Il a été divisé en cinq sections dont les attributions sont ainsi réglées :

La première section du dépôt réunit dans ses attributions tout ce qui a rapport à la nouvelle carte de France, c'est-à-dire, à l'extérieur des bureaux, les grandes opérations géodésiques et topographiques, la confection des mémoires statistiques et militaires relatifs aux contrées qu'embrassent ces opérations ; à l'intérieur, les calculs géodésiques, la rédaction des tableaux de position géographique qui accompagnent les feuilles-minutes de la carte dont il s'agit, enfin la rédaction d'une nouvelle description géométrique du royaume.

La deuxième section a dans ses attributions tous les travaux topographiques qui s'exécutent au dépôt, tant pour le dessin que pour la gravure, la rédaction de la nouvelle carte de France, des cartes de Bavière, des départemens réunis de la Grèce, des cartes et plans des provinces d'Alger, des champs de bataille, enfin des cartes et plans pour servir à l'histoire de la guerre de succession d'Espagne.

La troisième section est chargée de l'historique et des archives modernes, qui renferment les rapports et ordres des généraux et autres agens employés dans les armées françaises, depuis 1792 jusqu'à 1815. Elle recueille, classe, analyse et enregistre toutes les pièces qui peuvent servir à écrire avec authenticité l'histoire des événemens militaires de la Révolution et l'Empire. Les ordres de l'Empereur ont déjà été réunis en 45 volumes séparés (il y en aura au moins 80), et l'on s'occupe de réunir également les rapports et ordres des maréchaux, généraux et autres pour les armées d'Allemagne. La section historique s'occupe de la rédaction de l'histoire de la Révolution seulement.

La quatrième section est chargée de recueillir et de classer les travaux topographiques et militaires des officiers du corps royal d'état-major employés dans les divisions territoriales, ou détachés dans les corps de la ligne; de tenir la correspondance y relative; de réunir les matériaux qui concernent la législation, l'organisation, l'administration et les mouvemens des armées étrangères; enfin, de rédiger l'annuaire militaire de l'Europe, qui doit être remis chaque année au ministre de la guerre.

Enfin, la cinquième section est chargée de l'administration intérieure du dépôt, de la bibliothèque, des archives antérieures à 1792, des cartes manuscrites et gravées, de l'imprimerie et du mobilier.

Quelques changemens eurent lieu encore dans l'organisation du dépôt de la guerre. Trente-six ingénieurs-géographes lui furent attachés, et un cours d'instruction théorique et pratique pour douze élèves y fut établi. Ce fut en 1793 que la grande carte de France de Cassini fut, par l'ordre de la Convention nationale, retirée de l'Observatoire et remise au dépôt de la guerre, chargé désormais de la conserver et de la finir. Il s'enrichit en même temps des nombreux plans, cartes géographiques, astronomiques et marines qui provenaient des établissemens publics supprimés et des cabinets des émigrés. Ce fut une époque brillante et fructueuse pour les travaux du dépôt de la guerre dont les membres exécutèrent, par ordre du Comité du Salut-Public, plusieurs opérations remarquables de topographie militaire, d'hydrographie et de géodésie, et commencèrent dans la partie historique le catalogue provisoire des pièces par ordre alphabétique.

La formation de la bibliothèque du dépôt de la guerre, aujourd'hui riche de 20,000 volumes et de 8,000 manuscrits, date de l'an vr (1796). On puisa pour l'établir dans les différens dépôts littéraires ce qu'on y trouva de plus intéressant sur les sciences et les arts, la géographie ancienne et moderne, l'histoire, la philosophie, la littérature, la diplomatie, l'art militaire et ses diverses divisions. Elle a été sans cesse augmentée, elle contient aussi une nombreuse collection d'atlas.

Les collections du dépôt sont, outre les archives anciennes qui forment près de 40,000 volumes : 1° 2,000 cartons de pièces originales modernes; 2° plusieurs centaines de volumes et cartons renfermant des mémoires descriptifs ; 3° plus de 5,000 cartes gravées ; 4° 800 cartes manuscrites, des plans et dessins précieux de marches et batailles ; 5° plus de 40,000 feuilles de cartes du fonds du dépôt ; 6° des tableaux et objets d'arts.

§ II.

Dans l'administration centrale du ministère de la guerre, il existe deux bibliothèques, une pour le service du ministre et l'autre pour le dépôt des fortifications appartenant à la division du génie. Ce dépôt contient, on le sait, la galerie des plans en relief des places de guerre. La bibliothèque qui lui est affectée est tout-à-fait spéciale.

§ III.

Les établissemens dépendant du ministère de la guerre, dont on peut citer les bibliothèques, sont : 1° l'hôtel royal des Invalides dont la bibliothèque contient 25,000 volumes ; 2° le dépôt de l'artillerie dans les bâtimens de Saint-Thomas-d'Aquin ; cette bibliothèque a un catalogue imprimé ; 3° l'École polytechnique qui a 26,000 volumes.

Chapitre VI.

Ministère de la Marine. — Dépôt des Cartes et Plans de la Marine. — Bibliothèques des Ports, etc. — Catalogue de ces bibliothèques.

§ I.

Le ministère de la marine possède deux bibliothèques qui ont été souvent citées comme les plus remarquables collections d'ouvrages spéciaux que puisse avoir une administration publique. La première est la bibliothèque du ministère, placée au centre de l'administration ; elle se compose d'environ 6,000 volumes. La seconde, dont la formation remonte à 1720, appartient au dépôt des cartes et des plans de la marine. Elle comprend à peu près 15,000 volumes imprimés et 250 manuscrits.

§ II.

Le ministère de la marine, comme celui de la guerre, possède un dépôt de cartes et plans, extrêmement précieux, qui un moment fut réuni à celui de la guerre, mais qui aujourd'hui forme un établissement distinct et non moins remarquable.

Le dépôt des cartes et plans a été institué dans le but de fournir aux marines militaire et du commerce des cartes marines exactes de toutes les parties du monde et de contribuer, soit par ses travaux propres, soit par le moyen des correspondances qu'il entretient avec les établissemens semblables des nations étrangères, au progrès de l'hydrographie et de la géographie.

Le dépôt a fait un grand nombre de publications depuis 1814 jusqu'à la fin de 1836 ; il a publié 538 feuilles dont plusieurs comprennent 2 et 3 plans, 171 tableaux de vues, 90 tableaux d'observations de marine, indépendamment des atlas des voyages scientifiques exécutés par les corvettes l'*Uranie*, la *Coquille*, l'*Astrolabe* et la *Favorite*, formant 123

cartes. Enfin une quarantaine d'instructions nautiques, routières, ou mémoires soit originaux, soit
traduits, ont été publiés par le dépôt de la marine.
Il contient 1° une nombreuse collection de journaux et de mémoires relatifs à l'hydrographie maritime ; 2° des dessins originaux et des cuivres gra-
vés de toutes les cartes publiées par l'établissement;
3° un grand nombre de cartes marines et autres
publiées dans les pays étrangers.

§ III.

Ce ministère a établi des bibliothèques à Brest,
Toulon, Rochefort, Cherbourg, Lorient, aux forges
de la Chaussade, à la fonderie d'Indret, à l'école
d'artillerie de Toulon, dans les colonies de la
Martinique, la Guadeloupe, la Guyane, le Sénégal,
Bourbon et Pondichéry. Une décision ministé-
rielle du 30 décembre 1837, confirmée par celle
du 30 octobre 1839, a créé des bibliothèques
nautiques à bord de tous les bâtimens de guerre.

§ IV.

Un catalogue des bibliothèques de la marine a
été récemment publié. Ce catalogue a été, dans
l'espace de six années, rédigé et imprimé. Il se
compose de quatre volumes in-8° et renferme plus
de 17,000 articles relatifs à l'hydrographie, la phy-
sique, les mathématiques et surtout à la géographie. Ce travail a été fait avec habileté et clarté.
C'est en même temps l'inventaire général des richesses littéraires de la marine et le catalogue spé-

cial de chacun de ces établissemens. Les livres sont classés selon l'ordre bibliographique et une colonne d'observations indique la bibliothèqne dans laquelle ils se trouvent. « Ainsi, dit Mr X. Marmier, dans une appréciation de ce travail (1), ce catalogue est dans un genre d'études distinct, un répertoire général des ouvrages les plus recommandables. Le lecteur y voit en un clin-d'œil tout ce qu'on a publié de plus important sur telle question spéciale ou sur tel pays. Le ministère y voit tout ce qui manque encore à chacune de ses bibliothèques, et d'année en année, il les enrichira selon leurs vœux et leurs besoins. C'est à un sentiment constant de sollicitude envers ses employés que le ministère de la marine a dû la pensée de l'organisation de ses bibliothèques et de la publication de son catalogue. »

On voit d'après ce qui précède que le ministère de la marine est celui qui a donné le plus de soins à la formation et au développement de ces bibliothè-ques qui sont destinées à rendre tant de services à l'administration et à ses agens.

Ce ministère, surtout depuis 1830, s'est occupé avec une sollicitude, qui devrait trouver partout des imitateurs, de l'organisation et de l'accroisse-ment de ses bibliothèques. Il a posé comme règle qu'on ferait principalement entrer dans leur com-position les ouvrages nécessaires et utiles aux marins

(1) *Moniteur universel* du 12 février 1843.

pour l'exercice de leur profession; il a chargé nos consuls de recueillir chez les nations étrangères, en ce qui les concerne, les élémens d'une bibliographie maritime générale ; il a demandé aux chambres de s'associer à ses efforts pour améliorer le service de ses bibliothèques, et les chambres, disposées comme toujours à voter des crédits dont l'utilité leur est démontrée, ont porté successivement les fonds destinés pour cet objet à 16,000 fr., 22,000 fr. et 30,000 fr.

C'est aux autres départemens ministériels à suivre cet exemple, et certainement les chambres de leur côté ne manqueront pas de répondre à l'appel qui leur sera fait pour encourager d'autres utiles créations.

Chapitre VII.

Ministère de l'Intérieur. — Bibliothèque administrative du Secrétariat-Général. — Bibliothèque des Beaux-Arts. — Préfecture de police. — Conservatoire royal de musique et de déclamation. — Archives du royaume. — Préfectures et Sous-Préfectures, etc.

§ I. .

Le ministère de l'intérieur posséderait la plus belle et la plus complète bibliothèque d'administration, d'économie politique, d'art, de science et de littérature, si la pensée qui avait présidé à l'institution du dépôt légal avait été toujours appliquée, et si les richesses bibliographiques produites par ce dépôt et par les acquisitions faites sur les fonds des souscriptions depuis près d'un demi-siècle avaient été consacrées à cette utile destination. Cette pensée, qui eût pu être féconde en précieux résultats, n'a pas été constamment appliquée. De tant d'opulence qui est passée à travers le ministère de l'intérieur, et qui aurait pu faire de sa bibliothèque une des premières de l'Europe, il lui est resté fort peu. Après cinquante-trois ans d'existence, il lui a fallu réparer l'oubli des années écoulées, en s'apercevant qu'il n'avait pas les premiers élémens d'une *bibliothèque administrative,* établissement indispensable surtout pour les importantes attributions des bureaux de l'intérieur.

Cette absence d'une bibliothèque administrative, dans un ministère auquel elle était aussi nécessaire, se faisait d'autant plus remarquer que des mesures avaient été prises, par M. de Montalivet, pour doter les préfectures et même les plus humbles sous-préfectures d'établissemens pareils.

Depuis quelque temps on s'est mis à l'œuvre pour réparer cette lacune et on y travaille activement. Si l'impulsion donnée ne s'amortit pas, avant peu d'années ce ministère pourra présenter une collection de documens et de livres spéciaux tout-à-fait en rapport avec les besoins et l'importance de sa vaste administration qui va toucher par tant de points aux plus graves intérêts du

pays. Les bureaux auront dans cette collection
tout ce qui est nécessaire à leur instruction, et
on ne se plaindra plus, comme on le fait souvent,
de ne pouvoir trouver réunies en bibliothèque
les publications officielles émanées du gouvernement et des grandes administrations publiques.
Il était, en effet, très-difficile jusqu'à ce jour de
se procurer, quoiqu'ils existassent dans plusieurs
archives ministérielles, ces documens dont la plupart ont une haute valeur autant sous le rapport
administratif que sous le rapport de l'histoire
politique. Cette lacune n'existera plus.

Une *bibliothèque administrative* a été établie au
ministère de l'intérieur, et elle prend tous les jours
de nouveaux développemens. Voici l'origine de
cette collection.

En 1839, frappé de la nécessité d'une bibliothèque administrative, on conçut au ministère le projet
de l'établir. Cette pensée trouva la plus vive sympathie au cabinet de M. Duchâtel, alors ministre
de l'intérieur. Toutefois ce ne fut pas sans peine
qu'on parvint à réunir les premiers élémens de ce
dépôt. Il fallait d'abord y placer comme base indispensable les publications officielles des grandes
administrations ; chez la plupart on trouvait bon
accueil et désir actif de concourir à cette œuvre, et
on parvint à obtenir à peu près ces documens tant
désirés.

En même temps que par les dons des autres ministères et des chambres on concentrait d'indispen-

sables documens, des acquisitions à divers titres procuraient des ouvrages de jurisprudence et de droit administratif.

Pendant son passage au ministère, M. de Rémusat accorda son appui aux efforts qui étaient faits pour donner quelque valeur à cette collection.

M. Duchâtel, ainsi que M. A. Passy, sous-secrétaire-d'État, ont attaché une grande importance à la formation de la bibliothèque administrative. Un système régulier d'échanges de documens officiels a été établi avec les autres ministères et administrations; des achats assez nombreux, eu égard au fonds dont peut disposer le secrétariat-général, ont été faits; des livres parvenus au ministère à divers titres ont été déposés dans cette collection; des publications faites par les préfectures ou sous leurs auspices, y ont été centralisées en vertu de circulaires pressantes (3), souvent rappelées à l'attention des préfets.

Deux lettres adressées aux bureaux du ministère de l'intérieur, la première le 21 avril 1841, et la seconde le 1er octobre 1842, par M. Passy (4), montrent l'intérêt qu'on attachait à l'existence et à l'accroissement de cet établissement administratif.

En 1841, M. Duchâtel, ministre de l'intérieur, voulant définitivement constituer cette bibliothèque administrative, prit, dans un arrêté relatif à divers objets d'administration intérieure, les dispositions suivantes : « *La collection des documens* » *et ouvrages administratifs,* formée au secrétariat-

» général, doit être augmentée des ouvrages spé-
» ciaux, provenant tant de la bibliothèque des
» Beaux-Arts que des bureaux et archives, dons
» des auteurs et acquisitions nécessaires, de ma-
» nière à composer une *bibliothèque administrative*
» aussi complète que possible pour le service de
» l'administration centrale, des fonctionnaires, des
» écrivains et autres personnes qui pourraient de-
» mander à la consulter. Cette collection adminis-
» trative continuera d'être confiée, sous la surveil-
» lance du sous-secrétaire-d'État et du chef de la
» troisième section du secrétariat-général, au chef
» du troisième bureau de cette section, et le régle-
» ment de service en sera soumis à notre appro-
» bation. »

La collection contenait, à cette époque, 5,000
volumes ou articles; au 1er janvier 1842, elle se
composait de 6,000, au 1er janvier 1843 elle s'est
élevée à près de 7,000.

On pourra juger de la composition de cette bibliothèque administrative, quoique incomplète encore, par l'analyse de son catalogue que je donne
ici. Il énonce 1° des documens officiels, procès-
verbaux des assemblées législatives, depuis 1788,
collections de lois, publications officielles émanées
de tous les ministères et des grandes administrations publiques de Paris et des départemens, des
documens judiciaires officiels, la collection complète du *Moniteur universel*; 2° des recueils, ouvrages, traités de jurisprudence, de droit public,

de droit administratif, arrêts du Conseil-d'État, recueils de circulaires, instructions et renseignemens d'administrations, livres sur ces questions, droit civil, recueils d'arrêts judiciaires, commentaires, etc.; 3° des ouvrages sur l'économie politique, les sciences morales, et diverses matières ; 4° des documens administratifs publiés par les gouvernemens étrangers : Sardaigne, Angleterre, Belgique, Prusse, Danemarck, Toscane, Etats-Unis d'Amérique, etc.

Dans ce cadre se rangeront, comme on le voit, toutes les publications qui peuvent entrer dans la composition d'une bibliothèque administrative ; il paraît correspondre aux besoins des bureaux.

Si la collection n'a pas encore le luxe de la richesse, elle commence à posséder un modeste nécessaire. Elle ne peut manquer de s'accroître et de grandir par le seul effet des acquisitions, des dons, des envois ministériels, des hommages particuliers, et par le résultat des instructions ministérielles qui y feront continuellement affluer les publications départementales. Ces sources diverses contribueront à son agrandissement en attendant que d'autres mesures, qui seront bientôt indiquées, lui procurent des moyens plus actifs pour en faire un établissement modèle, ainsi que le veut l'arrêté qui consacre son institution.

§ II.

Avant la création d'une bibliothèque uniquement administrative, qui, on l'a vu, est d'une date très-récente, le ministère de l'intérieur avait une autre bibliothèque générale qui a successivement dépendu du secrétariat-général et de la division des beaux-arts. Cette bibliothèque avait été désignée sous les titres de *bibliothèque des livres à distribuer*, et de *bibliothèque du dépôt*. C'était une véritable bibliothèque littéraire dans laquelle on prêtait des livres aux employés. Elle dépendait du secrétariat-général, M. Philippon de la Madeleine en fut le conservateur, M. Vial lui succéda d'abord en qualité de conservateur adjoint, puis de bibliothécaire, et il garda ces fonctions jusqu'en 1830. La bibliothèque et le dépôt passèrent vers cette époque à la division des beaux-arts. Cette collection, formée sans but déterminé, n'avait jamais présenté un caractère d'utilité pratique pour les bureaux du ministère de l'intérieur, c'était un dépôt de quelques ouvrages anciens et de livres à distribuer, dont quelques-uns restaient au ministère.

La véritable place d'une bibliothèque de service est d'ailleurs au secrétariat-général, centre perpétuel de toute l'administration. C'est là qu'auraient pu être réunies, avec avantage, les deux bibliothèques du ministère de l'intérieur, en laissant à la direction des beaux-arts le dépôt des souscriptions et la distribution des livres. Cette bibliothèque générale, ainsi placée, et mise en harmonie avec les besoins de l'administration laborieuse et pratique, aurait été, au moins dans l'une de ses sections, la *bibliothèque administrative* de ce département.

Mais par l'abrogation tacite des instructions qui réglaient le dépôt légal, en ce qui concernait la bibliothèque du ministère, elle avait été privée des précieuses ressources que le dépôt lui eût continuellement apporté.

Aussi avait-elle été délaissée dans ces derniers temps; elle était devenue un simple dépôt de livres. On s'occupe en ce moment de mettre en ordre cette collection qui contient quelques ouvrages précieux.

§ III.

En parlant des bibliothèques du ministère de l'intérieur, nous devons mentionner ses archives, qui, avant l'établissement de la collection spécialement administrative, contenaient plusieurs documens dignes d'intérêt, rentrant dans le cadre de cette collection et dont une certaine partie y a été placée. Elles renferment actuellement :

1° Une collection générale des édits, arrêtés, lettres-patentes, réglemens et ordonnances des Rois de la troisième race, classée par ordre de matières et contenue dans 402 cartons. Cette collection est distribuée en seize divisions, savoir : 1° *Constitution du royaume, dignité et famille royales, gouvernement et autorités administratives et municipales,* vingt cartons ; 2° *Législation et procédure civile, et organisation des tribunaux,* trente-un cartons; 3° *Législation et procédure criminelle, police et voirie,* trente-quatre cartons; 4° *Législation et police rurale et forestière,* treize cartons; 5° *Législation féodale,* trois

cartons; 6° *Armée de terre,* vingt-cinq cartons;
7° *Marine militaire et marchande, colonies,* quinze
cartons; 8° *Instruction publique, belles-lettres, scien-*
ces et arts, dix cartons; 9° *Finances, contribu-*
tions, etc., cent seize cartons; 10° *Législation do-*
maniale, douze cartons; 11° *Commerce, jurandes*
et maîtrises, soixante-quatre cartons; 12° *Cultes non*
catholiques, religionnaires fugitifs, deux cartons;
13° *Travaux publics, ponts et chaussées, navigation,*
dix-sept cartons; 14° *Secours publics, hôpitaux;*
hospices, etc., quatre cartons; 15° *Relations exté-*
rieures, sept cartons; 16° *Clergé et culte catholique,*
vingt-neuf cartons;

2° Une collection des décrets rendus depuis le
Consulat jusqu'à la fin de l'Empire, deux cent
soixante-un cartons. Les originaux de ces décrets,
les rapports et pièces à l'appui sont déposés aux
archives de la secrétairerie d'Etat;

3° Une collection des originaux des ordonnances
royales, avec les pièces et plans qui y sont cités
pour y être annexés, depuis la Restauration jusqu'au 20 mars 1815, neuf cartons;

4° Une collection de décrets rendus pendant les
Cents-Jours jusqu'au retour de Louis XVIII, six
cartons, plus un pour les actes de la commission
de gouvernement. Les originaux sont aux archives
de la secrétairerie d'Etat;

5° Une collection des originaux des ordonnances
royales rendues depuis le 7 juillet 1815 jusqu'à ce
jour, avec les pièces qui y sont citées pour y être

annexées, cinquante-sept cartons. Au nombre des annexées des ordonnances se trouvent aussi les plans, notamment tous les plans des villes dont les alignemens ont été arrêtés par le Roi (5);

6° Une collection des originaux des arrêtés du ministre de l'intérieur, depuis janvier 1812 jusqu'à ce jour, cinquante-un cartons ;

7° Un recueil des feuilles de travail du comité de l'intérieur, depuis 1811 jusqu'à ce jour, en trente volumes ;

8° Enfin les archives de l'ancien ministère de la police générale, qui se composent :

Des circulaires et instructions, depuis la création du ministère de la police (12 nivôse an iv) jusqu'à nos jours ;

De la correspondance administrative, depuis la division de la police générale en quatre arrondissemens (21 messidor an xii) jusqu'en 1814 ;

De la suite de cette correspondance jusqu'en 1830;

Des états des condamnés par les cours d'assises et les tribunaux correctionnels, depuis 1814 jusqu'à nos jours ;

Des états des grâces et commutations de peine, comme ci-dessus ;

Des dossiers des forçats évadés des bagnes;

Des dossiers des forçats et des condamnés décédés ;

Du classement particulier des affaires politiques , depuis l'an iv jusqu'en 1830 ;

Des arrêtés de radiation, élimination et amnistie

accordées aux émigrés jusqu'en 1814. Les dossiers des demandes sur lesquelles ces arrêtés sont intervenus sont déposés aux archives générales du royaume depuis 1829.

§ IV.

Trois grands établissemens dépendant du ministère de l'intérieur possédent des bibliothèques remarquables, la préfecture de police, le Conservatoire royal de musique et de déclamation, et les archives générales du royaume.

La bibliothèque de la préfecture de police est tenue avec un ordre parfait, elle contient toutes les publications relatives à l'administration de la police de Paris, la collection des journaux politiques publiés à Paris depuis 1789, divers documens officiels et parlementaires fort intéressans, et un certain nombre d'ouvrages utiles pour l'administration. Le nombre de ses volumes s'élève à peu près à 10,000.

La bibliothèque du Conservatoire royal de musique et de déclamation est tout-à-fait digne d'intérêt, comme collection d'ouvrages spéciaux sur les arts. Elle contient environ 6,000 volumes, elle est gérée par un bibliothécaire en chef, un conservateur et un employé; le public y est admis tous les jours.

Il y a aux archives générales du royaume une bibliothèque créée par le savant Daunou, et renfermant environ 15,000 volumes, principalement sur la géographie et les diverses branches de l'histoire nationale. Cette bibliothèque n'a malheureusement aucun moyen d'accroissement, l'administration des archives n'ayant pas de fonds applicables à cet objet.

Je pourrais citer parmi les bibliothèques appartenant à des établissemens qui dépendent du ministère de l'intérieur celle de la ville de Paris qui est placée dans les vastes bâtimens de l'hôtel-de-ville (6) et qui ressortit à la préfecture de la Seine. Mais cette bibliothèque, malgré cette position d'enclave et sa richesse, car elle contient plus de 50,000 volumes, et surtout des ouvrages fort curieux sur les villes de France, ne peut être considérée comme administrative, ni par sa composition, ni par son organisation.

§ V.

Les préfectures et sous-préfectures possèdent maintenant des bibliothèques administratives, conformément aux instructions du ministère de l'intérieur. Ces bibliothèques leur étaient peut-être plus nécessaires pour le travail de leurs bureaux, qu'elles ne le sont aux administrations centrales, placées à Paris, au milieu des ressources bibliographiques de toute nature, et comptant parmi leurs employés des hommes spéciaux, qui se distinguent souvent par une instruction supérieure sur les questions qu'ils sont appelés à traiter.

Les considérations présentées par le ministre,

à l'appui de ces utiles créations, méritent d'être généralement approuvées (7).

Un réglement général des archives départementales, adressé aux préfets par une circulaire du 6 mars 1843, contient l'article suivant : « Art. 29. Les mesures d'ordre qui concernent les archives sont applicables aux bibliothèques administratives dont la garde et la conservation auront été confiées aux archivistes. Ils en rédigeront le catalogue et tiendront un registre d'acquisitions et un registre de prêts de livres (8).

§ VI.

La maison royale de Charenton a hérité dernièrement de la bibliothèque de son illustre médecin Esquirol, et un arrêté ministériel vient de la constituer en bibliothèque médicale pour le service de cet établissement.

Le ministère de l'intérieur a ordonné récemment la formation de bibliothèques administratives dans les maisons centrales de détention.

L'hospice royal des Quinze-Vingts contient une bibliothèque de 2,000 volumes.

———

Chapitre VIII.

Ministère de l'agriculture et du commerce. — Conservatoire des arts et métiers. — Bibliothèque de la Bourse.

§ I.

Le ministère de l'agriculture et du commerce aurait à créer une grande et utile collection d'ouvräges concernant l'agriculture, le commerce et toutes les branches des sciences sociales, pratiques et administratives qui s'y rattachent. La première série surtout pourrait fournir d'immenses et précieuses ressources pour le développement de l'art agricole en France. En ce moment cette collection n'est que commencée par ce ministère, qui a l'intention bien arrêtée de l'agrandir et de la compléter.

§ II.

La bibliothèque du Conservatoire des arts et métiers, qui dépend du ministère du commerce, contient 12,000 volumes. Il y a aussi au palais de la Bourse de Paris une bibliothèque, à l'usage de la chambre du commerce, qui doit contenir tous les livres spéciaux qui intéressent les commerçans et qui porte par ce motif le titre de Bibliothèque du commerce. Elle a reçu jusqu'à ce jour peu d'accroissement.

Chapitre IX.

Ministère des Travaux publics. — Ecole des Ponts et Chaussées. — Ecoles des Mines.

Le ministère des travaux publics a dans son administration quatre bibliothèques. La première au ministère même, elle est peu considérable; la seconde à l'École des ponts et chaussées, elle contient 5,000 volumes; la troisième à l'École des mines, elle se compose de 6,000 volumes; la quatrième, au conseil général des mines, a 2,500 volumes.

Chapitre X.

Ministère de l'instruction publique. — Bibliothèque du cabinet. — Bibliothèque du Conseil royal. — Bibliothèque du Ministère. — Institut. — Université. — Muséum. — Ecole de Droit. — Ecole de Médecine. — Observatoire.

§ I.

Il existe au ministère de l'instruction publique trois bibliothèques distinctes. La première est la bibliothèque particulière du cabinet du ministre. Elle est composée d'un choix de classiques anciens et modernes, et d'une collection d'ouvrages relatifs à l'instruction. La seconde appartient au conseil royal : elle contient principalement des ouvrages relatifs à l'instruction. La troisième est la bibliothèque du ministère.

§ II.

Dans la bibliothèque du ministère sont déposés tous les livres auxquels il est annuellement souscrit pour une somme de deux cent mille francs. Ce fonds annuel de souscription est affecté au ministère de l'instruction publique, pour aider les éditeurs dans les entreprises sérieuses et difficiles, pour seconder les publications les plus importantes, et pour enrichir divers établissemens bibliographiques ou scientifiques.

Cette bibliothèque reçoit, en outre, de même que les bibliothèques royales, un exemplaire de chaque livre qui s'imprime en France, et dont le dépôt doit, suivant les lois, être fait au ministère de l'intérieur. Nous reviendrons sur ce dépôt légal qui pourrait être une source de richesses pour une grande bibliothèque centrale.

Maintenant la bibliothèque où se concentrent les ouvrages provenant du dépôt légal et des souscriptions n'est pas un dépôt permanent, c'est un lieu de transit où les livres passent pour être distribués à deux cent cinquante bibliothèques et sociétés savantes en France, à vingt bibliothèques étrangères et à des notabilités littéraires et scientifiques, auxquelles le ministre de l'instruction publique croit devoir accorder le don de quelques ouvrages spéciaux pour favoriser et seconder leurs études ou récompenser leurs utiles travaux.

La bibliothèque du ministère de l'instruction n'est point ouverte au public, seulement le bibliothécaire peut, sous sa propre responsabilité, prêter quelques-uns des livres confiés à sa garde. Les véritables bibliothèques administratives et spéciales de ce ministère sont celles du cabinet du ministre et du conseil royal de l'instruction publique.

§ III.

On compte plusieurs bibliothèques remarquables dans les établissemens qui dépendent de ce ministère : 1° celle de l'Institut contenant 80,000 volumes ; 2° celle de l'Université, à la Sorbonne, 40,000 volumes ; 3° celle de la Faculté de théologie ; 4° celle de l'École de Droit, 8,000 volumes ; 5° celle du Muséum d'histoire naturelle, 20,000 volumes ; 6° celle du Jardin du Roi, 6,000 volumes ; 7° celle de l'École de médecine, 30,000 volumes ; 8° celle de l'Observatoire, 4,500 volumes ; 9° celle du collége Louis-le-Grand, 30,000 volumes.

Chapitre XI.

Ministère des Finances. — Cour des Comptes.

La bibliothèque du ministère des finances est divisée en deux parties qui ont chacune un catalogue distinct.

La première comprend les ouvrages de droit et de jurisprudence, au nombre d'environ 4,000 volumes.

La seconde contient les ouvrages administratifs et scientifiques, classés dans l'ordre suivant de séries : 1re série, Traités d'économie politique ; 2e, Administration, finances, monnaies et banques ; 3e, Agriculture, bois et forêts ; 4e, Commerce et industrie ; 5e, Travaux publics ; 6e, Colonies et île de Corse ; 7e, Statistique ; 8e, Géographie et voyages ; 9e, Histoire ; 10e, Traités, collections et dictionnaires relatifs aux sciences et aux arts ; revues et feuilles périodiques ; 11°, Documens publiés par l'administration publique ; enfin les ouvrages écrits en langues étrangères, avec l'indication des séries auxquelles ils appartiennent. Cette partie de la bibliothèque contient à peu près 8,000 volumes.

La bibliothèque du ministère des finances n'est pas complètement réunie en un seul dépôt, elle est partagée entre les divers services de l'administration. Ainsi les livres qui la composent se trouvent à la bibliothèque centrale, au cabinet du ministre, au bureau du personnel, au secrétariat-général, aux directions des contributions directes, du mouvement général des fonds, de la dette inscrite, de la comptabilité générale, du contentieux, à la caisse centrale, au cabinet du payeur central, au contrôle central, aux directions de l'enregistrement et des domaines, des forêts, à l'administration des douanes, des contributions indirectes, des tabacs, au comité des finances et à la commission des monnaies. Ces livres ainsi placés dans les différens services et destinés à leur usage, n'en sont pas moins portés au catalogue général, avec l'indication de ces services. C'est une mesure d'ordre et de conservation qu'il serait bon d'adopter dans toutes les administrations qui achètent des livres pour l'usage de leurs bureaux. Souvent, en effet, l'oubli de cette inscription au catalogue général de leur bibliothèque les expose à voir s'égarer des ouvrages précieux et sur lesquels l'État a un droit inaliénable de propriété.

La Cour des comptes possède une bibliothèque contenant 6,000 volumes.

Chapitre XII.

Etat incomplet des bibliothèques actuelles.

Tel est sommairement l'inventaire de toutes les collections auxquelles on peut donner avec plus ou moins de justesse le nom de bibliothèques administratives. Les premiers élémens de ces collections existent, on le voit, dans toutes les administrations, mais chez un bien petit nombre, elles sont à l'état complet et parfait. Bien peu présentent le véritable caractère qui convient à ces bibliothèques. Généralement ce sont des recueils de livres appartenant à tous les genres, à toutes les catégories de la bibliographie et non d'ouvrages intéressant spécialement les divers services de l'administration publique ; c'est à ce cadre qu'il faut les ramener et les restreindre autant que possible. Dans tous les cas, même en laissant à ces bibliothèques les livres étrangers à la science administrative, il ne faut pas oublier leur principale destination et on doit diriger surtout vers ce but toutes les acquisitions nouvelles.

Chapitre XIII.

Quelle doit être la composition des Bibliothèques administratives.

Le cadre des bibliothèques administratives, c'est-à-dire la nature des livres qui doivent

les composer, est facile à déterminer, en exami-
nant la bibliographie de l'administration et de
la jurisprudence, et en appliquant ses diverses
branches aux attributions de chaque établissement. La base générale de ces collections consiste
dans les publications officielles émanées du gouvernement, les procès-verbaux des assemblées législatives, les collections de lois, les recueils, ouvrages
et traités de législation, jurisprudence, droit public,
civil et administratif, les arrêts du Conseil d'État,
les recueils de circulaires, instructions et renseignemens d'administration, les meilleurs traités et commentaires sur ces questions, les principaux ouvrages
d'économie politique, et enfin les documens administratifs publiés par les gouvernemens étrangers,
documens souvent utiles à l'administration française par les lumières qu'ils peuvent lui fournir et,
les exemples qu'ils peuvent lui apporter.

Toute bibliothèque administrative doit posséder
ces premiers élémens dans les proportions de l'importance de l'établissement auquel elle appartient.

Il est ensuite une nature de livres spéciaux qui
doivent être placés dans ces bibliothèques, selon
les attributions particulières de chacun de ces
établissemens. Ces livres sont ceux qui traitent
d'une branche du droit, de l'administration, des
sciences et des arts.

Ainsi il est évident, sans entrer dans de plus
grands détails, qu'une administration financière
doit avoir tous les livres, ou au moins les meilleurs,

qui traitent des finances, du crédit, des banques,
des monnaies et les publications qui s'y rattachent
tant sous le rapport administratif que sous celui
de la science; une administration, ayant dans ses
attributions la guerre ou la marine, tout ce qui concerne la guerre de terre et de mer, son histoire, les
arts et les sciences qui concourent au perfection-
nement des études militaires et maritimes. Un ministère, chargé de l'enseignement, doit posséder ce
qui traite des méthodes d'enseigner, de la littérature, des sciences et de la religion considérées au
point de vue de l'éducation publique. Une administration, préposée à la direction des communes et
de leurs nombreux intérêts, des affaires départementales presqu'aussi importantes que celles de l'ensemble du pays, doit avoir à sa disposition une collection aussi complète qu'il est possible de la faire,
des ouvrages, traités, recueils anciens et modernes
relatifs au régime administratif et financier des communes, à la voirie urbaine et à la grande voirie,
aux travaux publics, aux cours d'eau, aux routes
et ponts, au régime forestier, aux établissemens de
bienfaisance publique, aux élections départementales et municipales, au pouvoir municipal, aux conseils de préfecture, à la police, etc. Il doit en être
de même pour les administrations de la justice, de
la diplomatie, des travaux publics, de l'agriculture,
du commerce.

Les livres français et étrangers qui doivent les
aider, les éclairer, les diriger dans leurs travaux,

forment la seconde partie, la partie spéciale de leurs bibliothèques.

Quant aux administrations secondaires, moins importantes, ayant un ressort et des attributions moins étendus, mais qui, telles que les préfectures, touchent à presque toutes les branches de la gestion des affaires du pays, leurs bibliothèques doivent présenter un abrégé, un diminutif, un compendium de tout ce que contiennent celles que je viens d'énumérer, le cadre doit être le même, mais plus rétréci. Les mairies, les autorités militaires et financières, les corps judiciaires peuvent se renfermer dans les limites tracées par les attributions qui leur sont dévolues.

En un mot, toute bibliothèque administrative se compose nécessairement de deux parties, la première générale, qui est commune à toutes, la seconde spéciale, qui doit être formée d'après les attributions de l'établissement qu'elle est appelée à desservir.

Chapitre XIV.

Moyens de former et d'agrandir les Bibliothèques administratives.

Pour former, ou plutôt pour agrandir ces dépôts, car les premiers élémens en existent presque partout, divers moyens se présentent et doivent être adoptés. Nous allons les exposer successivement.

Chapitre XV.

Emploi du dépôt légal.

Le premier moyen consisterait à augmenter le dépôt légal et à rendre au ministère de l'intérieur, la conservation de la portion de ce dépôt qui lui était originellement assignée. Il y a quelques mesures nouvelles à prendre pour rentrer ainsi dans les intentions premières de la loi et des réglemens. Voyons d'abord quelles étaient ces intentions.

Le dépôt légal date de 1566, époque où un arrêt du conseil, renouvelé en 1689, imposa aux libraires l'obligation de fournir à la bibliothèque du Roi un exemplaire relié de tous ouvrages imprimés par privilége. La loi du 19-24 juillet 1793, relative à la propriété des auteurs, voulut que tout ouvrage fût déposé en double exemplaire à la Bibliothèque Nationale. Le décret du 5 février 1810, qui règle la librairie et l'imprimerie, obligea chaque imprimeur à déposer cinq exemplaires de chaque ouvrage : un pour la Bibliothèque Impériale, *un pour le ministère de l'intérieur,* un pour la Bibliothèque du Conseil d'État, un pour le directeur de la librairie, le cinquième sans destination. Ces dispositions, maintenues par la loi du 21 octobre 1814 relative à la liberté de la presse, reçurent, par l'ordonnance du 24 octobre de la même année, une modification en ce qui concerne la répartition des exemplaires accordés par elle à la Bibliothèque Royale, au chancelier de France, *au ministère de l'intérieur*, au directeur général de la librairie et au censeur chargé d'examiner l'ouvrage imprimé. Les impressions lithographiques furent soumises au dépôt de cinq exemplaires, comme les estampes et gravures, par l'ordonnance du 8 octobre 1817.

Les plaintes des libraires et des imprimeurs qui exposaient que le dépôt de cinq exemplaires était un sacrifice onéreux, et que des abus s'étaient glissés dans l'emploi de ces exemplaires, décidèrent le gouvernement à réduire, par l'ordonnance du 9 janvier 1828, à deux le dépôt des ouvrages imprimés, et à trois celui des estampes, *le ministère de l'intérieur devait en avoir un pour sa bibliothèque*, les autres sont pour la Bibliothèque Royale.

Toutefois on ne laissa pas ces ouvrages à la bibliothèque du ministère de l'intérieur ; une ordonnance du 27 mars 1828 établit à la Bibliothèque de Sainte-Geneviève un dépôt spécial pour les recevoir. Chaque année le ministre devait faire un choix dans ces ouvrages pour les répartir entre les bibliothèques publiques des villes du royaume. Cela était fort bien au point de vue de la diffusion des sciences et de la propagation des lumières, mais il y avait quelque chose d'étrange dans une mesure qui empêchait ce ministère de garder les livres dont il avait besoin, et l'obligeait à faire des largesses à d'autres avec les biens qui lui étaient affectés. Le dépôt de Sainte-Geneviève passa ensuite dans les attributions du ministre de l'instruction publique, par suite d'organisation. Une ordonnance du 3 juillet 1835 a disposé enfin que le dépôt resterait au ministère de l'instruction publique pour y être réparti entre les bibliothèques, les établissemens scientifiques et les personnes que le ministre jugerait dignes de recevoir ce don.

Ainsi, dans l'état actuel, les livres provenant du dépôt légal ne font que passer au ministère de l'intérieur, ils sont remis au ministère de l'instruction publique, qui en adresse un exemplaire à la Bibliothèque Royale, et qui dispose des autres. Le plus souvent ils sont donnés à des bibliothèques de département, quelquefois à des particuliers, de sorte que s'il fallait avoir recours à l'un de ces ouvrages pour une question de propriété littéraire ou de police de presse, il serait difficile de le ressaisir. Il résulte de cette destination donnée au dépôt que le ministère chargé de la police de la presse aurait avec peine, et en les demandant à la bibliothèque royale, les pièces qui lui seraient nécessaires pour s'éclairer et former sa décision. Il y a là une lacune qu'il faut combler. Si on veut continuer, et on fera bien, d'enrichir les bibliothèques départementales avec le produit du dépôt légal, qu'on rapporte l'ordonnance du 9 janvier 1828, et qu'on élève à quatre, sinon à cinq, comme on l'avait primitivement exigé, le nombre des exemplaires à déposer. C'est la première chose à faire. Aucune réclamation sérieuse ne s'éleverait certainement contre cette augmentation du dépôt légal, car elle pèserait peu sur les éditeurs, qui n'ont jamais refusé les livres, mais qui avec raison ne voulaient pas voir jeter leurs publications dans le commerce à bas prix par suite de ce qu'ils présumaient être un mauvais emploi du dépôt.

Il faudrait ensuite diviser les ouvrages provenant du dépôt légal de la manière suivante :

Le premier exemplaire resterait au ministère de l'intérieur, sa destination serait indiquée par le caractère de la bibliothèque administrative et de celle des beaux-arts.

Le second exemplaire serait toujours remis à la bibliothèque royale, dépôt universel et national de toutes les richesses bibliographiques du pays.

Le troisième exemplaire devrait être réparti de la manière suivante : les ouvrages spéciaux d'administration, de droit, de jurisprudence, de législation et de sciences, se rattachant à la spécialité d'un ministère ou d'une grande administration publique, devraient lui être remis pour sa bibliothèque.

Les ouvrages provenant du quatrième exemplaire et du cinquième s'il était exigé, ainsi que ceux qui ne se rattacheraient pas à la catégorie précédente, seraient donnés, comme par le passé, aux bibliothèques publiques des villes départementales, aux bibliothèques administratives des préfectures et des sous-préfectures, et enfin aux particuliers dont le gouvernement veut honorer les

travaux par une récompense ou par un encouragement.

Je soumets ces idées, énoncées sommairement,
à l'appréciation du gouvernement et de l'administration ; en les réalisant.on rendrait le dépôt légal
à sa destination primitive, et on doterait les établissemens administratifs d'utiles bibliothèques.

Chapitre XVI.

Achats de livres, etc. — Nécessité d'un fonds alloué
aux budgets par les Chambres.

Je viens de m'occuper des publications actuelles ou
futures. En ce qui concerne les publications antérieures dont les bibliothèques administratives ont
besoin, soit pour former des collections, soit pour
posséder des ouvrages importans et nécessaires à
l'exercice de l'administration, chaque ministère devrait, comme le ministère de la marine, avoir un
fonds particulier destiné à l'achat des ouvrages.
En ce moment ces achats, sur une échelle trop
faible, ne sont pas suffisans. Un crédit spécial pourrait être demandé aux chambres dans le budget de
tous les ministères pour cet objet d'utilité générale. Dix mille francs par an suffiraient pour cette
dépense, ce serait donc une faible somme d'environ
cent mille francs à consacrer à une destination
utile. Il ne peut y avoir d'objections sérieuses
contre cette allocation. Certainement le parlement,
qui connaît et apprécie l'importance de collections

parcilles pour le service de chaque grande administration, c'est-à-dire du pays, n'hésiterait pas à
voter le crédit qui lui serait demandé.

Le système des achats pour les bibliothèques administratives, dans les ministères, doit être basé sur
la nécessité de se tenir au courant de toutes les
publications spéciales qui se font à Paris, dans les
départemens et même à l'étranger. Il faut pour cela
que le conservateur de la bibliothèque suive atten-
tivement le mouvement bibliographique et scienti-
fique du droit et de l'administration, qu'il en fasse
l'objet de son étude spéciale et qu'il ne néglige jamais de provoquer l'achat des ouvrages importans
qui paraissent.

Il y a dans quelques ministères un système d'a-
chats essentiellement vicieux. Les bureaux qui ont
besoin d'un livre le demandent ou l'achètent pour
eux, et il va s'enfouir dans ces bureaux, sans que
le reste de l'administration puisse en profiter pour
ses travaux. Quelquefois il arrive qu'on achète
plusieurs fois le même ouvrage sans qu'il en
reste un exemplaire dans le dépôt central. Les livres
achetés de cette manière et recevant cette destination, non-seulement ne servent pas à l'ensemble de
l'administration, qui souvent ignore qu'ils existent
dans une de ses parties, mais encore ils sont expo-
sés à s'égarer faute d'un contrôle actif et continuel.

Il vaudrait mieux suivre un système de centralisation au moyen duquel toutes les branches de
l'administration pourraient profiter des ouvrages

qu'on acquiert. A mesure qu'un bureau aurait besoin d'un livre on en achèterait un ou plusieurs
exemplaires selon sa destination, on l'inscrirait au
catalogue de la bibliothèque générale, puis on le
remettrait au bureau en mentionnant cette remise
sur le catalogue. Lorsque ce bureau n'en aurait
plus un besoin incessant et quotidien, il le rendrait à la bibliothèque. Ce procédé obvierait à tous
les inconvéniens provenant de l'éparpillement des
livres, il diminuerait les dépenses, détruirait les
chances de perte de la propriété de l'État et aug-
menterait, d'une manière utile pour tous, les richesses de la bibliothèque administrative.

Quant au mode d'achat, le meilleur consiste à
acquérir des livres neufs, d'édition toujours ré-
cente, à moins que des occasions avantageuses se
présentent pour se procurer, dans des ventes publiques ou autrement, des ouvrages provenant de
bibliothèques particulières.

Les souscriptions des ministères de l'intérieur et
de l'instruction publique devraient aussi avoir en
vue les bibliothèques administratives des autres
ministères et les alimenter de leurs produits.

Chapitre XVII.

*Echanges réguliers à établir entre les ministères
et les diverses administrations.*

Les échanges de documens officiels et de livres
provenant des souscriptions ministérielles doivent

être régularisés entre les ministères et les grandes administrations publiques.

Ce système d'échanges est encore dans un état incomplet et très-irrégulier. Le peu de centralisation qui existe pour ces objets dans quelques administrations, la manie d'isolement et de ténébreux individualisme, l'insouciance trop souvent normale chez certains employés subalternes ont été jusqu'à présent des obstacles qui ont empêché ces échanges ou qui en ont paralysé les avantages. Des efforts ont été faits par plusieurs ministères pour régulariser cette partie importante du service ; la bonne volonté et le désir de réciprocité souvent manifesté finiront par rendre le résultat plus satisfaisant.

Pour arriver à établir un bon et régulier système d'échanges, il faudrait qu'un arrêté de chaque ministère ordonnât qu'un exemplaire de tous les documens imprimés, circulaires, instructions, rapports, etc., émanés de son administration, fut adressé à tous les autres ministères pour leur bibliothèque, aussitôt après leur publication.

Afin d'éviter les détournemens et les fausses directions de ces documens, la réception devrait toujours en être accusée par le conservateur de chaque bibliothèque.

De cette manière on serait certain que tous les ministères posséderaient les publications officielles et les instructions administratives dont la connaissance est utile au plus haut degré pour la concordance des actes de l'administration. L'ignorance où l'on serait de ces actes pourrait souvent produire des inconvéniens graves, et néanmoins dans l'état actuel des relations interministérielles, ils passent fréquemment inaperçus de ceux qui auraient intérêt à les connaître.

Ce n'est là d'ailleurs qu'une affaire d'ordre et de hiérarchie ; une fois l'impulsion donnée, la régularité des échanges sera invariablement établie.

Chapitre XVIII.

Envois des Administrations départementales.

Les publications officielles faites dans les départemens par les autorités locales, les procès-verbaux des conseils généraux, les recueils des actes administratifs des préfets, les budgets des grandes villes et de leurs établissemens de bienfaisance, les annuaires départementaux qui contiennent des renseignemens statistiqués et le tableau des fonctionnaires inférieurs, doivent être placés dans les bibliothèques administratives des ministères. Ce sont des documens qui offrent des renseignemens souvent utiles à consulter. Les administrations centrales doivent donc prescrire aux préfets de leur transmettre régulièrement ces publications, ainsi que cela se fait déjà pour quelques-unes et notamment pour le ministère de l'intérieur.

Chapitre XIX.

Dons des Auteurs.

Des ouvrages en nombre assez considérable sont offerts aux grands fonctionnaires par leurs auteurs, de Paris et des départemens, soit comme simple hommage, soit dans le but de demander des souscriptions. Ces ouvrages, généralement offerts au fonctionnaire et non à la personne, doivent être placés dans les bibliothèques lorsqu'ils sont de nature à y figurer convenablement. On a vu ci-dessus que le ministre de l'intérieur a donné cette destination aux livres provenant de ces hommages, c'est un précédent qui doit être suivi. Il serait même bon, pour consacrer le souvenir de ces dons, d'inscrire au catalogue les ouvrages qui en proviennent avec cette mention : *Donné par l'auteur,* et pour les dons d'ouvrages importans, de les mentionner au journal officiel. En même temps qu'on donnerait un témoignage de gratitude à celui qui offre son œuvre au gouvernement et que l'on conserverait la mémoire de ces dons patriotiques, on appellerait, par l'exemple présenté ainsi d'une manière honorifique, de nouveaux hommages.

Chapitre XX.

Echanges avec les gouvernemens étrangers.

Une propriété essentiellement utile pour les bibliothèques des grandes administrations centrales, c'est la collection des publications parlementaires et administratives des nations étrangères. Il y a dans ces documens de vastes et fertiles sujets d'études, de comparaisons et d'exemples pour le gouvernement et pour les fonctionnaires qui dirigent ses divers services. La connaissance de ce qui se fait au dehors donne souvent la pensée d'établir, de réformer ou d'améliorer au dedans. On ne saurait donc mettre trop de soins à se procurer ces précieux documens.

Le meilleur moyen pour les obtenir des gouvernemens étrangers consiste dans un système régulier et continu d'échanges qui sera toujours accepté par eux avec empressement, à en juger d'après les essais partiels qui en ont été faits par les deux chambres, et en diverses circonstances, par quelques ministères. Ce système a toujours trouvé les ambassadeurs étrangers en France disposés à le favoriser de tout leur pouvoir, et nos agens diplomatiques au dehors se sont en toute occasion prêtés à le seconder avec la plus louable activité.

Il ne s'agit maintenant que de régulariser ce projet d'échanges, en lui imprimant le caractère officiel, et de demander par voie diplomatique, régulière et persistante, aux divers gouvernemens, ou au moins aux plus importans d'entr'eux, l'envoi de tous les documens administratifs et parlementaires qu'ils peuvent publier. Il faut leur offrir en échange les documens du même genre qui émanent de notre gouvernement, nos discussions parlementaires, nos publications sur les travaux

publics, sur le système pénitentiaire, sur les établissemens de bienfaisance et la charité légale, sur
le régime électoral, sur les élections, sur la statistique générale agricole, commerciale et industrielle
du pays, sur nos finances, sur les établissemens
militaires et maritimes, sur le crédit, sur tous nos
services administratifs qui intéressent au plus haut
degré les nations étrangères, désireuses de connaître la France dans toutes ses forces et tous ses
moyens d'action. Elles accèderont sans nul doute
à une demande d'échange qui les leur assurera.

Un projet d'échanges internationaux a été conçu
d'une manière générale par un homme qui en a
poursuivi l'exécution avec beaucoup de persistance,
le but que s'est proposé l'auteur de ce projet est
honorable, mais on peut lui reprocher de ne pas
adopter les voies officielles pour son exécution et de
vouloir se borner à une agence officieuse qui pourrait bien mettre quelqu'activité dans cette exécution
pendant un temps donné, mais qui n'a pas ce caractère de grandeur, de régularité et de durée que
réclame une semblable opération. Déjà cependant
ce projet d'échanges généraux a été suivi de quelque effet; son auteur a donné, au nom des États de
l'Union, à divers ministères et à la préfecture de la
Seine plusieurs documens dont quelques-uns offrent de l'intérêt et dont la remise aura toujours
eu pour résultat de mettre, indirectement d'a-
bord, pour l'être plus tard directement, les villes

américaines en rapport intellectuel et administratif avec l'administration française.

On peut prendre une idée de ce système d'échanges par un rapport présenté au conseil municipal de
Paris et une délibération de ce conseil au sujet d'un
envoi de documens fait au nom de diverses villes
de l'Union. Ces deux pièces sont en date du 21 décembre 1842 (9).

Il s'agit de régulariser d'une manière administrative la demande et le mode de transmission des
documens étrangers ; il faudrait organiser le service de manière à faire parvenir ces publications au ministère des affaires étrangères par la
voie des agens diplomatiques ou d'une manière
directe, en nombre suffisant pour être remis aux
bibliothèques administratives de tous les ministères ou au moins de ceux que la nature et le sujet
du document intéresse plus spécialement. Ils seraient distribués administrativement, et les documens français seraient expédiés par le même moyen.

Je n'ai pas besoin d'insister sur ce sujet, son importance et la facilité avec laquelle on peut mettre
en pratique un bon système d'échanges administratifs se comprennent aisément. Ces échanges crée-
raient dans chaque bibliothèque une magnifique
section dont l'utilité serait de plus en plus appréciée.

Chapitre XXI.

*Nécessité de séparer les bibliothèques administratives
des archives. — Choix du Bibliothécaire.*

§ I.

On a quelquefois mêlé et confondu les bibliothèques administratives avec leurs archives. Je crois
que c'est à tort. Les archives sont créées pour
conserver et classer les titres, les actes, les décisions qui consacrent les droits, les attributions
d'une administration, ou qui concernent des intérêts publics et privés placés sous sa direction. Par
leur nature ces documens ne doivent pas servir
usuellement ; ils sont destinés seulement à être
consultés dans des circonstances rares ; ils ne peuvent servir généralement qu'à donner des renseignemens et des indications sur une affaire spéciale
et non sur des généralités. Les pièces contenues
dans les archives doivent être conservées et pré-
servées avec le plus grand soin ; elles ne peuvent
sans danger être employées à un usage quotidien et
pratique dans les bureaux, il faut, autant que possible, les compulser et les examiner sur place.
L'importance des titres originaux souvent uniques,
et qui ne pourraient être remplacés, en cas de
perte ou d'altérations, font un devoir de ces pré-
cautions sévères.

Les bibliothèques administratives, au contraire,
sont par leur nature et leur destination d'un service universel ; elles doivent circuler dans les bu-

reaux, passer sans cesse en des mains différentes, afin de servir à l'instruction de tous et à l'expédition de toutes les affaires.

Ainsi les bibliothèques des administrations peuvent bien être sous la direction du conservateur des archives, mais elles doivent en être entièrement séparées quant au service et même à l'emplacement. La confusion qui existerait entre elles ne pourrait avoir que des résultats funestes pour la bonne tenue et la sécurité des archives.

§ II.

Le choix du bibliothécaire doit appeler l'attention sérieuse de l'administration. Ce bibliothécaire doit se distinguer non-seulement par des connaissances spéciales dans les sciences du droit civil, la jurisprudence, le droit administratif et la bibliographie, mais encore par un attachement instinctif et spécial à ses fonctions. Il faut en même temps qu'il se tienne au courant de tout ce qui se publie dans le cadre de la collection à laquelle il est préposé. Il doit demander, presser, activer les achats d'ouvrages utiles, ne pas se rebuter des obstacles qu'il rencontre dans cette partie essentielle de ses fonctions. Le catalogue de la bibliothèque doit être classé dans sa mémoire, aussi sûrement que dans ses registres. Il faut qu'il veille à ce que les livres ne s'égarent pas par un trop long séjour au dehors, entre les mains de ceux qui les empruntent et qui trop souvent oublient de les restituer. Ce fléau des bibliothèques, le prêt des livres qui est ici une

condition nécessaire, doit être neutralisé, par l'activité, la surveillance et la sévérité du bibliothécaire. Il faut donc pour ces fonctions un homme
grave, instruit, exact et actif, qui fasse de leur
exercice la principale et incessante occupation de
sa vie.

Dans les administrations secondaires et dans les
bibliothèques départementales, l'archiviste peut
être en même temps bibliothécaire ; dans les grandes administrations de la capitale ce cumul offrirait
des inconvéniens nés de la différence des attributions (10).

Ces observations ne sauraient être trop sérieuse-
ment recommandées à l'attention de l'administration supérieure; car un bon bibliothécaire augmente
la valeur du dépôt qui lui est confié, tandis qu'un
mauvais bibliothécaire le diminue et finit par l'an-
nuler.

Chapitre XXII.

CONCLUSION.

Je crois avoir suffisamment indiqué, par les considérations que je viens de tracer dans les chapi-
tres de cet ouvrage, combien les bibliothèques administratives, organisées avec soin, composées
d'une manière conforme aux besoins pratiques des
bureaux, desservies avec zèle et intelligence, peuvent être utiles aux fonctionnaires publics et aux
employés qui coopèrent avec eux à la gestion des

affaires du pays. J'ai essayé, dans ces aperçus rapides, de donner quelques avis, dictés par l'expérience, sur les mesures à adopter pour augmenter et compléter les bibliothèques de ce genre qui existent dans les grandes administrations, et dont j'ai présenté un tableau statistique dressé d'après des renseignemens puisés aux meilleures sources.

Je confie ces considérations à la sage sollicitude du gouvernement, des chambres et des fonctionnaires publics. Tous désirent, tous veulent que l'administration possède un personnel aussi instruit que laborieux, qu'elle ait à sa disposition tous les moyens possibles pour s'éclairer et prononcer toujours d'une manière sûre et irréprochable sur les nombreuses questions d'intérêt public et privé qui lui sont soumises. Je crois qu'il est facile de réaliser ces bons vouloirs à l'aide des moyens que je viens d'indiquer et qui sont d'une exécution simple et facile.

Je serais heureux si ces quelques pages, inspirées par une pensée d'utilité générale, pouvaient être accueillies avec faveur. Surtout je m'applaudirais de les avoir écrites, si elles pouvaient avoir pour effet d'améliorer le service des bibliothèques administratives qui doivent puissamment influer sur la propagation des études du droit administratif, l'instruction pratique des employés de l'État, et par conséquent sur la bonne administration des affaires du pays.

NOTES.

(1) Voici le tableau des bibliothèques publiques et des bibliothèques spéciales, en 1818 et en 1828.

BIBLIOTHÈQUES PUBLIQUES.

		NOMBRE DE VOLUMES	
		en 1818 d'après Petit-Radel	en 1828 d'ap. Bailly
Bibliothèque du Roi.	Volumes imprimés	550,000	450,000
	Brochures en feuilles, réunies en recueils	550,000	450,000
	Manuscrits	50,000	80,000
Bibliothèque Mazarine.	Volumes	90,000	100,000
	Manuscrits	3,400	4,000
Biblioth. Ste-Geneviève.	Volumes	110,000	112,000
	Manuscrits	2,000	2,000
Bibliothèq. de l'Arsenal.	Volumes	150,000	170,000
	Manuscrits	5,000	5,000
Bibliothèque de la ville.		15,000	45,000

BIBLIOTHÈQUES SPÉCIALES.

	En 1818.	En 1828.
Bibliothèque particulière du Roi	. . . . .	55,000
du Conseil d'Etat (au Louvre)	30,000	55,000
du Musée royal	. . . . .	. . . . .
du Ministère de l'intérieur	. . . . .	11,000
Archives du royaume	10,000	14,000
Conservatoire	5,000	5,500
Institut	50,000	90,000
Bureau des longitudes	4,000	4,500
Jardin du Roi	6,000	8,000
Muséum d'histoire naturelle	. . . . .	20,000
Ecole des ponts et chaussées	4,000	5,000
des mines	3,000	4,000
Conseil des mines	2,000	2,500
Collége de France	. . . . .	. . . . .
Faculté de médecine	25,000	26,000
Collége Louis-le-Grand	30,000	50,000
Conservatoire des arts et métiers	10,000	12,000
Quinze-Vingts	2,000	2,000
Bibliothèque du Ministère de la guerre	4,000	7,000
du Conseil de santé	. . . . .	. . . . .
du Comité central d'artillerie	. . . . .	. . . . .
du dépôt de la guerre	10,000	14,000
du dépôt des fortifications	. . . . .	. . . . .
de l'Ecole polytechnique	24,000	27,000
de l'hôtel des Invalides	20,000	. . . . .
de l'Imprimerie royale (recommencée)	300	800
de la Cour de cassation, dont l'ancienne bibliothèque des Avocats fait le fonds	30,000	56,000

	En 1818.	En 1828.
Bibliothèque du Tribunal de première instance	20,000	25,000
de l'ordre des Avocats (recommencée)	3,500	4,500
du Ministère de la police	. . . . .	. . . .
de la Préfecture de police	800	1,200
du Ministère des affaires étrangères	10,000	13,000
du Ministère de la marine	1,500	2,500
du dépôt des Cartes et Plans	12,000	12,000
du Collége de la Marine, à Angoulême	. . . . .	. . . .
des ports de Brest, Toulon, Rochefort et Lorient	. . . . .	. . . .
du Ministère des finances	. . . . .	3,500
de la Cour des comptes	5,000	6,000
de la Chambre des Députés	30,000	36,000
de la Chambre des Pairs	. . . . .	2,000

On voit par la statistique des bibliothèques spéciales que je donne dans cet ouvrage la différence entre les chiffres des volumes qu'elles possédaient en 1828 et celui d'aujourd'hui. Quànt à la Bibliothèque Royale on peut évaluer à cent cinquante mille le nombre de ses acquisitions pendant ces quinze années, à raison de sept mille publications nationales et de trois mille étrangères qui lui parviennent annuellement

(2) Cet ouvrage m'a fourni, sur quelques-unes des bibliothèques administratives, une partie des renseignemens statistiques que je donne dans cet essai et que j'ai complétés à l'aide des documens qui m'ont été donnés par plusieurs administrations.

(3) Voici ces deux circulaires :

2 *juillet* 1841.

J'ai fait établir auprès du secrétariat général de mon département une collection de documens et ouvrages administratifs destinée au service de mes bureaux. L'utilité de cette bibliothèque administrative centrale sera facilement appréciée ; elle doit être pour le ministère de l'intérieur, dans un degré plus élevé et avec des développemens plus complets, ce que sont, pour les préfectures et les sous-préfectures, les bibliothèques administratives, dont la formation a été constamment favorisée.

Cette collection comprend les procès-verbaux et autres documens imprimés de la chambre des pairs et de la chambre des députés, les publications officielles et semi-officielles qui ont été faites par l'ordre des ministères et des grandes administrations publiques ; elles seront complétées par leur concours. Les principaux ouvrages spéciaux qui, par les matières qu'ils traitent, se rattachent à la science du droit administratif seront également réunis dans cette collection.

Mais les départemens doivent lui fournir aussi toutes les publications officielles et celles d'intérêt administratif qui émanent des préfectures, des sous-préfectures et de toutes les administrations locales. Vous devez concourir, sous ce rapport, à ses développemens.

Je vous invite donc à continuer de m'adresser régulièrement, pour cette collection, les exemplaires du recueil des actes administratifs de votre préfecture, conformément à ma circulaire du 22 mars 1841, et à me transmettre un exemplaire de tous les actes, publications et imprimés qui par leur caractère, les objets d'intérêt administratif qu'ils traitent, et l'importance qu'ils peuvent avoir, mériteraient une place dans cette collection. Tels sont maintenant : les rapports que vous avez présentés au conseil général de votre département, les délibérations de ce conseil, les budgets départementaux, les écrits publiés à l'occasion des élections, l'annuaire et les statistiques du département, etc. Vous me les ferez parvenir, soit que ces publications émanent d'une source officielle, soit qu'elles aient été faites seulement sous les auspices et dans l'intérêt d'une branche quelconque de l'administration.

J'ai eu pour but, en réunissant les élémens théoriques et pratiques de la législation et de l'administration du pays, de faciliter l'instruction et l'expédition des affaires. J'espère qu'en vous associant à cette pensée, vous contribuerez à me procurer les moyens de la réaliser. Je vous saurai gré de ce que vous ferez pour arriver à ce résultat.

Recevez, etc.

29 *décembre* 1841.

Par ma circulaire du 2 juillet, j'ai engagé MM. les préfets
à me transmettre, pour la bibliothèque administrative
centrale que j'ai fait établir au secrétariat général de mon
ministère, les publications d'intérêt administratif imprimées dans leur département; tous ont répondu à cet
appel, en m'adressant les documens dont ils pouvaient
disposer. Je vous remercie de votre empressement et je ne
puis que vous engager à continuer de concourir aux développemens de cette bibliothèque, qui réunira en un dépôt
central toutes les publications émanées des administrations locales ou s'y rapportant, et qui, en facilitant ainsi
les recherches pour l'expédition des affaires, présentera
un caractère de véritable utilité.

Je tiens surtout à ce qu'elle possède la collection des
annuaires départementaux; ces ouvrages peuvent être, par
les documens qu'ils contiennent, d'un précieux secours
pour l'administration. On y trouve, en effet, avec le tableau des établissemens, des fontionnaires et des divers
agens des services publics, des détails sur le commerce,
l'industrie et l'agriculture du département. Quelques-uns
de ces recueils sont rédigés avec soin et peuvent être con-
sidérés comme un résumé de la statistique locale. Ce sont
des sources de renseignemens utiles à consulter, et qu'il
serait difficile de se procurer ailleurs que dans une collection centrale.

Je vous invite donc à m'adresser régulièrement à l'avenir,
pour la *collection des documens et ouvrages administratifs*, un exemplaire des annuaires qui peuvent être
publiés dans votre département ou des ouvrages qui en
tiennent lieu.

Aussitôt que la publication des annuaires pour 1842
aura lieu, je vous prie de me les transmettre, et je vous
invite à vous conformer entièrement, pour l'avenir, à
toutes les instructions de la circulaire du 2 juillet 1841,
que je viens de vous rappeler.

(4) Ces deux lettres donneront une idée de l'intérêt que l'administration a attaché à la formation de cette bibliothèque administrative :

Paris, le 1er avril 1841.

J'ai l'honneur de vous adresser, pour le service de votre bureau, le catalogue de la collection des documens et ouvrages administratifs du ministère.

L'utilité de ces bibliothèques administratives dans les grands centres d'administration où s'instruisent et se règlent les affaires qui touchent aux intérêts généraux et particuliers du pays, est incontestable. Dans ces précieux dépôts de publications officielles, de recueils de jurisprudence et de livres spéciaux, on puise avec les élémens et les principes du droit administratif, ces connaissances et cette instruction positive qui facilitent l'examen et la solution des questions pratiques. Le gouvernement qui a étendu l'enseignement du droit administratif et multiplié ses chaires, a montré en même temps combien il appréciait l'utilité de ces collections destinées à compléter cet enseignement, en favorisant de tout son pouvoir la formation de bibliothèques administratives dans les préfectures et les sous-préfectures. Ce qu'il faisait pour les administrations départementales, il ne pouvait, dans sa prévoyante sollicitude, manquer de l'accomplir pour l'administration centrale de l'intérieur.

Aussi M. le ministre, pendant son administration précédente, avait senti l'importance d'une collection semblable pour le service des bureaux du ministère et il avait décidé sa formation qui fut immédiatement commencée.

La collection des documens et ouvrages administratifs a reçu depuis lors des accroissemens successifs et sans avoir atteint encore le degré d'universalité et le caractère absolument complet qui doivent distinguer un établissement de ce genre, elle présente déjà une véritable importance. Le nombre des publications pour la plupart officielles qu'elle contient s'élève à plus de mille volumes. Indépendamment des procès-verbaux et autres impressions de la chambre des pairs et de la chambre des députés, cette collection contient, du moins en très-grande partie, les publications officielles et semi-officielles qui ont été faites par l'ordre des ministres et par les grandes administrations publiques. Ces importantes publications qui forment la base d'une bibliothèque administrative ne se trouvent que difficilement réunies et il est souvent impossible de se les procurer, surtout pour les consulter avec soin.

MM. les ministres et les chefs d'administration ont concouru activement à la formation de cette collection en lui faisant adresser les documens qui appartenaient à leurs administrations. Leur concours assuré servira à la tenir constamment au courant de tout ce qui sera publié officiellement.

Les départemens doivent lui fournir toutes les publications officielles et celles d'intérêt général qui émaneront des préfectures. M. le ministre a l'intention de joindre à ces documens une collection des principaux ouvrages de jurisprudence qui, par les matières qu'ils traitent, se rattachent à la science du droit administratif.

Consacré spécialement à l'usage du ministère de l'intérieur, cet établissement doit surtout contenir de la manière la plus complète les documens publiés par les soins de ce département. Je vous invite donc à lui transmettre un exemplaire non-seulement de ceux qui seront imprimés à l'avenir, mais encore de toutes les pièces imprimées qui, émanant du service que vous dirigez, pourraient se trouver en votre possession.

Je désire que vous considériez cette invitation comme une instruction administrative que vous devez régulièrement exécuter. Je verrais avec peine qu'elle ne fût pas généralement observée.

Vous apprécierez sans doute l'intérêt que présente, pour les travaux de l'administration, cette collection dont je vous adresse le catalogue. Mettre à la disposition des bureaux une série de documens officiels dont la réunion se trouve difficilement, surtout lorsque la date de leur publication est éloignée, placer à côté de ces importans matériaux des traités théoriques et pratiques d'un mérite constaté, en un mot, faciliter par le développement des études administratives l'instruction et l'expédition des affaires, tel est le but que cet établissement est destiné à atteindre. J'espère que les résultats répondront à la pensée qui l'a institué. —

Paris, 1er octobre 1842.

Vous avez reçu dernièrement le deuxième supplément au catalogue de la *collection des documens et ouvrages administratifs*; il constate les accroissemens notables que cette collection a reçus depuis quelque temps. Elle possède déjà la plupart des documens officiels provenant des ministères et des administrations départementales, ainsi que les ouvrages de jurisprudence administrative les plus usuellement consultés. L'intention de M. le ministre qui l'a fondée est, comme vous le savez, de favoriser ses développemens, et d'y réunir tous les ouvrages de droit civil et administratif qui peuvent être utiles pour l'instruction des affaires.

Outre les résultats généraux que doivent produire l'établissement et les accroissemens de cette *bibliothèque administrative*, il est un autre avantage spécial qu'elle doit présenter en permettant d'obtenir une économie dans les dépenses du ministère. Avant la formation de cet établissement, les ouvrages nécessaires aux travaux de l'administration étaient achetés pour l'usage spécial d'un bureau ; quelquefois l'acquisition en était faite simultanément par plusieurs services distincts, et occasionnait ainsi des frais considérables ; mais alors même, ces ouvrages se trouvaient disséminés, et les bureaux qui ne les possédaient pas, ignorant où ils étaient déposés, ne pouvaient les consulter. Quant aux collections volumineuses, le prix en rendait l'acquisition impossible pour chaque partie de l'administration qui était obligée d'y avoir recours. A l'avenir ces inconvéniens n'existeront plus. Au fur et à mesure qu'un ouvrage est reconnu nécessaire, il est déposé dans

6

la *bibliothèque administrative*, et il est mis à la disposition de MM. les chefs et employés qui peuvent le consulter aussi long-temps que les recherches l'exigent. Les achats particuliers de livres pour le compte des bureaux deviendront ainsi, hormis dans certains cas, inutiles à l'avenir. Je vous invite, en conséquence, à restreindre les demandes d'acquisition d'ouvrages administratifs à ceux qui seraient absolument indispensables pour le service spécial dont vous êtes chargé. Quand un ouvrage vous sera utile, il suffira d'en donner avis à la conservation de la *bibliothèque administrative*, et les mesures nécessaires seront prises pour y faire déposer cet ouvrage dont vous pourrez avoir immédiatement communication.

Vous appréciez, ainsi que moi, les services qui peuvent être rendus par cet établissement. La centralisation dans un dépôt spécial, des collections, des recueils et des livres d'enseignement théorique devait être, en effet, d'un grand secours pour MM. les chefs et employés, en facilitant les recherches et en mettant à leur disposition tous les élémens du travail. L'empressement que les bureaux ont mis à profiter des ressources qui leur étaient offertes a témoigné de l'utilité du but que l'on s'était proposé, et qui, poursuivi avec persévérance, dotera le ministère de l'intérieur d'une *bibliothèque administrative centrale*, établissement indispensable à toute grande administration.

(5) Cette collection de plans de villes est fort précieuse, elle constitue une des parties les plus importantes des archives du ministère de l'intérieur. Bien placée, cataloguée avec soin et tenue d'une manière qui permet de la consulter, elle doit présenter un grand intérêt, car elle peut donner les renseignemens, introuvables ailleurs, sur l'origine des propriétés et leur état souvent changé par suite des constructions et des alignemens nouveaux. La valeur de cette collection est, dit-on, estimée à plus d'un million.

(6) Cette bibliothèque est en ce moment dans un local provisoire, par suite des constructions qui ont été faites à

l'Hôtel-de-Ville de Paris, mais elle sera réinstallée dans cet hôtel dès que l'état des bâtimens le permettra.

(7) Le gouvernement sait et aime à reconnaître, disait M. de Montalivet dans sa circulaire du 26 août 1837, que les employés des préfectures et sous-préfectures apportent le zèle le plus louable à l'examen et à la prompte expédition des affaires. Mais, lorsque le développement de nos institutions constitutionnelles et de la civilisation accroît chaque jour les attributions de l'autorité administrative, il devient plus nécessaire que, à côté de l'assiduité et de l'application au travail, se trouve l'instruction qui le rend plus facile et qui épargne les recours à l'administration centrale contre les actes des administrateurs locaux. C'est cette conviction qui a déterminé le gouvernement à étendre l'enseignement du droit administratif. Il ne suffit pas, toutefois, d'augmenter le nombre des chaires consacrées à cet enseignement; pour qu'il porte ses fruits, il est nécessaire que ceux-là mêmes qui l'ont reçu puissent en retrouver les fondemens ou le complément dans des livres, et que ceux qui n'ont pu le recevoir y suppléent de cette manière. Malheureusement, la science du droit administratif ne possède pas encore et peut-être ne peut-elle pas posséder, comme celle du droit civil, des codes précis qui résument son ensemble et des commentaires qui l'expliquent. Les matériaux qui, par la force même des choses, se renouvellent incessamment, sont disséminés dans de volumineuses collections et des traités spéciaux que leur prix paraît placer hors de la portée du plus grand nombre des agens de l'administration ; car il est constant que les ouvrages les plus recommandables, sur cet objet, ne s'écoulent qu'avec une extrême difficulté.

Cet état de choses est certainement fâcheux.

De bons esprits ont pensé qu'un des moyens les plus efficaces pour le faire cesser serait de créer, dans les préfectures et sous-préfectures des bibliothèques administratives dont les départemens et l'Etat feraient les frais.

L'établissement de ces bibliothèques, qui se composeraient de livres choisis et d'une utilité pratique, serait peu dispendieux. On a calculé qu'un fonds de cent francs par chaque préfecture et de cinquante francs par chaque sous-préfecture, voté par les conseils généraux, et auquel l'État ajouterait une somme à peu près semblable, pourrait complétement suffire, dans les localités où se trouve déjà, près du *Bulletin des lois,* une des collections de jurisprudence administrative et judiciaire.

Il est bien certain, en effet, que la plus forte dépense à faire, quant à présent, aurait pour objet ces collections.

Pour assurer le bon emploi des fonds que l'État et les départemens pourraient consacrer aux bibliothèques administratives, je me propose de confier le choix des livres à une commission gratuite, instituée près de mon ministère. Des hommes éminens, n'ayant eu vue que les seuls intérêts de la science et des services publics, mettraient l'administration supérieure en garde contre les promesses toujours pompeuses, mais si rarement sincères, des prospectus et des annonces de librairie.

Veuillez donc, monsieur le Préfet, appeler sur cet objet l'attention du conseil général dans la session qui va s'ouvrir.

Dans une seconde circulaire, du 30 juillet 1838, M. de Montalivet s'exprimait en ces termes sur la composition de ces bibliothèques : « Il existe dans les préfectures et dans les sous-préfectures des livres d'administration et des collections d'actes de l'autorité, qui, ayant été fournis par l'État ou acquis sur les fonds des départemens, forment une propriété départemantale. Ainsi, chacune de ces administrations doit posséder au moins le *Bulletin des lois,* le *Recueil des actes administratifs de la préfecture* (*) et le *Recueil des circulaires du ministère de*

(*) La dépense d'impression de ce recueil est imputée sur le fonds de l'abonnement (circulaire du 21 septembre 1815). Il doit en exister un exemplaire dans chaque sous-préfecture, et plusieurs dans chaque préfecture.

l'intérieur. Mais un certain nombre de préfectures possèdent en outre des ouvrages de jurisprudence ou d'administration, qui forment, soit une bibliothèque administrative, soit un commencement de bibliothèque susceptible
de prendre de l'accroissement au moyen de nouveaux envois ou de nouvelles acquisitions.

De plus, et par exception, des ouvrages de sciences ou
de littérature ont été acquis par les départemens, ou fournis
par l'État.

Enfin, chaque préfecture doit posséder une collection du
Moniteur, ce journal étant fourni gratuitement à chaque
préfet depuis le 1er octobre 1820 (circulaire du 20 septembre 1820).

Ma circulaire du 20 août 1837 vous a informé que je
reconnaissais l'utilité de la formation de bibliothèques
administratives dans les préfectures et les sous-préfectures,
et qu'à cet égard, j'abandonnais l'usage assez généralement
établi par mes prédécesseurs, et suivant lequel les préfets
et sous-préfets devaient se procurer, à leurs frais, les ouvrages d'administration nécessaires à leur travail et à celui
de leurs bureaux, ouvrages qui, étant leur propriété, devaient, lors des mutations être emportés par eux ou cédés
à leurs successeurs. La chambre des députés, en rejetant,
dans sa séance du 30 mai, l'allocation proposé au budget
de l'État pour encouragement aux bibliothèques administratives, n'en a pas moins manifesté l'opinion qu'elle ap-
prouvait l'acquisition, aux frais des départemens, d'ouvrages d'administration pour le service des préfets, des
sous-préfets et de leurs bureaux.

Ces acquisitions pourront être faites sur des allocations
spéciales portées dans la seconde section du budget
(*section des dépenses facultatives*). Loi du 10 mai 1838,
article 16.)

Mais au moment où la formation de bibliothèques administratives va prendre plus d'extension, il importe d'accroître et de fortifier les moyens de conserver cette portion du
mobilier départemental et de prévenir le retour des abus

qui, précédemment, avaient fait renoncer aux acquisitions de livres sur les fonds des départemens.

Ces moyens consistent :

1o Dans l'application aux collections de livres des mesures de contrôle et de conservation établies pour les autres parties du mobilier départemental ;

2o Dans la formation et la tenue d'un catalogue dont les feuillets seront cotés et paraphés par le secrétaire général ou par le sous-préfet, et qui seront signés par eux lors du récolement annuel ;

3o Dans l'estampillage des livres sur la couverture et sur la page du titre.

Vous devez vous occuper immédiatement de dresser le catalogue des livres d'administration, de jurisprudence, et des autres livres de toute nature appartenant au département, qui sont déposés à la préfecture. Vous inviterez MM. les sous-préfets à dresser de semblables catalogues des livres déposés à la sous-préfecture, et à vous en envoyer un double.

Au moyen de ces catalogues, les collections de livres pourront être récolées annuellement et lors des mutations de fonctionnaires, conformément à l'article 4 de l'ordonnance du 17 décembre 1818, et aux articles 3, 4, 5 et 6 de l'ordonnance du 3 février 1830.

Tous les livres compris dans le catalogue devront être frappés d'une estampille ainsi conçue : *Préfecture de......* *Sous-Préfecture de......* Cette estampille sera placée sur la page contenant le titre de l'ouvrage, et sur la couverture du livre.

Vous aurez à m'envoyer un exemplaire de chaque catalogue.

Des allocations ont été portées aux budgets de 1838, par un certain nombre de conseils généraux, pour acquisition d'ouvrages administratifs. J'avais cru devoir suspendre toute décision à cet égard, jusqu'au moment où la chambre des députés aurait délibéré sur la proposition d'encourager la formation de bibliothèques administratives par des allocations comprises au budget de l'État. Depuis la décision qu'elle a prise le 30 mai, j'ai donné mon approbation à plusieurs de ces votes, et autorisé l'emploi des fonds alloués; mais je n'ai pu statuer sur plusieurs autres, soit parce que le vote avait un caractère conditionnel, et que le conseil général paraissait l'avoir subordonné à l'allocation d'une subvention sur le trésor public; soit parce que les préfets n'avaient pas transmis l'état des ouvrages qu'ils se proposaient d'acquérir. Il est nécessaire que le conseil général délibère de nouveau dans sa prochaine session, et renouvelle sa proposition, en la dégageant de toute liaison avec une subvention du trésor public.

En demandant mon autorisation pour l'emploi des sommes qui seraient votées avec cette destination à la seconde section du budget, chapitre XXII, article 6, vous devrez m'adresser un état des ouvrages que vous proposez d'acquérir, avec l'indication des prix.

(8) On peut prendre une idée de ces utiles établissemens par le catalogue de l'un d'eux que je cite au hasard, parmi ceux de toutes les préfectures départementales (Allier).

Abonnement au Recueil périodique des Arrêts du Conseil d'État.

Bulletin administratif de la préfecture de l'Allier, depuis 1807.

Bulletin administratif de la préfecture de l'Allier (troisième collection, de 1815 à 1837).

Bulletin annoté des Lois, de 1789 à 1830, avec les tables (d. 1840), 100 vol.

Bulletin universitaire, 5 vol.

Circulaires du Ministre de l'Intérieur jusqu'à la fin, de 1830, ouvrage double, chacun 6 vol.

Code des Impositions (1791), 1 vol.

Code des Contributions directes, Belmondi, 1 vol.

Code des Ponts et Chaussées et des Voiries; collection complète des Lois, Arrêtés, etc., concernant le service des Ponts et Chaussées et des Mines, Ravinet, 6 vol.

Code Rural français, ou Recueil méthodique des Lois civiles, administratives, etc., accompagné d'un commentaire explicatif.

Collection du Bulletin des Lois, à partir du 1er prairial an II jusqu'à nos jours (en triple).

Collection des Lois, de septembre 1789 jusqu'à nos jours.

Collection des décrets de l'Assemblée nationale constituante, par Arnoult.

Comptabilité des dépenses sur le produit des Contributions directes, 1 vol.

Dictionnaire des Communes, 2 vol.

Dictionnaire général et raisonné de Jurisprudence en matière civile et commerciale, criminelle, administrative et de droit public, 9 livraisons in-4o, par Dalloz (Armand).

Dictionnaire des Travaux publics, Tarbé de Wauxclair, 1 vol.

Ecole des Communes, de 1831 à 1837 inclusivement.

Ecole des Communes (année 1840).

Formulaire municipal, Miroir, 7 vol.

Instruction générale sur les Appels, 1 vol.

Instruction sur les frais de Justice, 1 vol.

Instructions sur le service général de la comptabilité des Finances, avec modèles, 3 vol.

Instruction pour les travaux de la répartition de la Contribution foncière, 1 vol.

Journal des Gardes Nationales, de 1831 à 1837 inclusivement.

Journal Militaire, de 1831 à 1836 inclusivement, 13 vol.

Jurisprudence administrative, Recueil complet et raisonné des Arrêts du Conseil d'État en matière contentieuse, par T. Chevallier, 2 vol.

Jurisprudence du Conseil d'État, depuis 1806 jusqu'à la fin de septembre 1818, Sirey, 4 vol.

Législation complète des Fabriques des Églises, présentant un traité particulier de chaque matière sur le temporel des Églises.

Législation électorale, 1830, Favard de Langlade, 1 vol.

Législation et Jurisprudence des Ateliers dangereux, insalubres ou incommodes, par Macarel.

Lois administratives, Rondonneau, 6 vol.

Lois municipales, Dictionnaire Duquenel, 2 vol.

Manuel administratif, Fleurigeon, 4 vol.

Manuel du Recrutement, 1835, 1 vol.

Observations sur le projet du Code rural, 4 vol.

Ordonnance Royale du 31 mai 1838, portant réglement général sur la Comptabilité publique.

Pensions de l'Armée (Manuel), 1 vol.

Précis des Lois et de la Jurisprudence sur la Police rurale, la Chasse et la Pêche.

Questions de Droit administratif, Cormenin, 2 vol.

Recueil des dispositions législatives relatives aux Élections, 1 vol.

Recueil général des Arrêts du Conseil d'État, depuis sa création en l'an VIII jusqu'à 1839, par Roche et Lebon, 6 vol. in-8º.

Recueils (deux) méthodiques du Cadastre, 2 vol.

Régime ou Traité des Rivières et Cours d'eau de toute espèce, par Garnier, 3 vol.

Réglement général pour l'exécution des Opérations cadastrales, 1 vol.

Répertoire de l'Administration municipale, Pichart, 2 vol.

Répertoire des Lois, du 6 octobre 1791 jusqu'à la fin de l'an II, 4 vol.

Répertoire des Lois et Arrêtés du gouvernement, de 1791 à l'an XI, 1 vol.

Répertoire des Sénatus-Consultes, Lois, Décrets, de vendémiaire an XI à janvier 1810, 1 vol.

Statistique de France, 1837, 2 vol.

Tables décennales du Bulletin des Lois, depuis le 1er avril 1814 jusqu'au 31 décembre 1833, 6 vol.

Table générale du Bulletin des Lois, jusqu'au 31 décembre 1833, 7 vol.

Tarifs pour le prix d'expertise des Propriétés foncières, 1 vol.

Traité des Chemins vicinaux, avec un supplément d'après la loi du 21 mai 1836, par Garnier.

Traité de la Voirie, Davenne, 2 vol.

—

Voici le catalogue de la bibliothèque administrative d'une sous-préfecture (celle de Montluçon.)

Bulletin des Lois, depuis le premier trimestre de l'an II jusqu'à ce jour.

Tables décennales du Bulletin des Lois, depuis le 1er avril 1814 jusqu'au 31 décembre 1833.

Recueil des Actes administratifs de la préfecture depuis le 31 juillet 1815 jusqu'à ce jour.

Six volumes des Circulaires, Instructions et autres du ministère de l'intérieur.

Questions de Droit administratif, par M. Cormenin.

Manuel des Commissions administratives des Hôpitaux.

Instructions sur le Recrutement.

Manuel législatif et administratif de la Garde Nationale.

Code de l'Électeur municipal.

Instruction générale sur le service de la comptabilité des Finances.

Instruction relative à la comptabilité des Économes dans les Hospices.

Recueil des dispositions législatives, actuellement en vigueur, sur les Élections politiques, départementales et municipales.

Ordonnance du Roi portant réglement sur les frais de route des Militaires isolés.

Réglement sur le service des Convois militaires par terre et par eau.

Recueil d'instructions sur les Poids et Mesures.

Jurisprudence administrative, ou Recueil complet et rai-sonné des Arrêts du Conseil d'État en matière conten-tieuse, par Chevallier.

Formulaire municipal, de Miroir.

Régime ou Traité des Rivières et Cours d'eau de toute espèce.

Traité des Chemins vicinaux, par Garnier.

Code rural français.

Législation et Jurisprudence des Ateliers dangereux, insalubres et incommodes, par Macarel.

Bulletin officiel du Ministère de l'intérieur.

Recueil général des Arrêts du Conseil d'État, de l'an VIII à 1839-1840.

Code municipal, par Leber et de Puibusque.

(9) « Depuis de longues années, un Français a voulu profiter de ses voyages, pour accomplir un projet utile aux progrès des lumières et à l'avancement des sciences. Il a poursuivi avec persévérance et désintéressement ce projet qui tend à établir un système régulier et permanent d'échanges entre les bibliothèques et dépôts publics, et à rendre une valeur et une utilité réelles à ce nombre énorme de doubles qui se trouvent rélégués et enfouis dans des magasins.

En 1836 et en 1839, M. Vattemare a présenté aux chambres françaises des pétitions qui furent très-favorablement accueillies, et il a vu son système non-seulement approuvé à l'étranger, mais encore mis à exécution dans plusieurs pays.

Persistant dans son dévoûment à faire réussir l'œuvre qu'il a entreprise, il vient de parcourir les provinces de l'Amérique du Nord ; dans chaque ville, il parlait de relations à établir avec sa patrie sous les auspices de la science et de la civilisation, et toujours ses paroles ont été accueillies avec faveur, souvent avec enthousiasme. Les États-Unis ont accepté avec empressement les rapports nouveaux qu'on leur proposait de former avec la France, et qui semblent si propres à resserrer les liens d'une ancienne amitié. Les nations sont comme les particuliers : pour s'aimer, elles ont besoin de se connaître et de s'apprécier. Dans un système d'échanges internationaux, on doit donc principalement s'attacher aux documens qui peuvent faire connaître chaque pays, ses lois et ses usages, c'est-à-dire

aux documens administratifs et statistiques. Ceux publiés
en France dérouleront aux habitans du Nouveau-Monde les
résultats de l'expérience acquise par une administration
née dans les temps les plus reculés, tandis que ceux re-
cueillis en Amérique feront connaître aux vieilles sociétés
les ressources qu'un peuple jeune sait trouver dans son
énergique industrie.

Le congrès américain, les législatures de plusieurs états,
les corporations de nombreuses villes, ont compris l'utilité
de ce projet. Le congrès a ordonné que cinquante exemplaires des documens qu'il publie soient destinés chaque
année à servir à ce système d'échanges.

M. Vattemare est revenu en France avec un nombre considérable d'ouvrages et de documens qui lui ont été remis
pour l'académie des sciences, l'académie des sciences morales et politiques, les deux chambres, les ministères, etc.
La ville de Paris n'a pas été oubliée, et M. Vattemare a
adressé à M. le préfet de la Seine des livres et des brochu-
res en grand nombre relatifs à l'administration en général, aux travaux publics, aux prisons, aux hospices, au
paupérisme, et surtout à l'instruction primaire.

Ces ouvrages et documens, dont plusieurs sont précieux
par leur rareté, et qui offrent tous un grand intérêt pour
l'étude comparative de nos institutions et de celles des
États-Unis, ont été confiés à M. Vattemare, par l'État du
Maine et au nom des villes de Baltimore, Boston, New-
York et Washington, par leurs autorités et par quelques
honorables citoyens, désireux de contribuer à la réalisa-
tion de cet utile système.

Dans sa lettre à M. le préfet de la Seine, M. Vattemare
demande que la ville de Paris réponde à ces envois, en
adressant à ces villes et à l'État du Maine quelques ouvrages de statistique, quelques documens administratifs,
quelques comptes-rendus, et montre ainsi qu'elle est prête
à consolider par ces échanges, les liens de sympathie qui
existent entre les États-Unis et la France.

La chambre des députés a porté à son budget une somme

de 3,000 fr. pour qu'un envoi fût fait au Congrès en échange des documens qu'il lui a adressés, et pour qu'il s'établit ainsi une utile réciprocité. Le sénat des États-Unis a reçu de la chambre des pairs un premier envoi de cent vingt volumes. Les différens ministères, de leur côté, expédient en Amérique les publications de leurs départemens : le ministre de la marine, entre autres, a donné une magnifique collection de cartes.

La ville de Paris n'avait pas besoin d'être stimulée par de semblables exemples, pour répondre dignement aux témoignages de bienveillance qu'elle a reçus. Elle cherchera dans les documens publiés par elle, ceux qui peuvent présenter de l'intérêt et sont propres à être adressés aux villes qui ont pris à son égard une si obligeante initiative; ils sont énumérés dans le mémoire de M. le préfet de la Seine, et font connaître les branches diverses de notre administration municipale ; on y joindra l'ouvrage de M. Baltard, qui représente les monumens de Paris, et qui a de l'importance sous le point de vue de l'art comme sous celui de l'histoire.

Votre commission, que la suspension des travaux du conseil a empêché de vous présenter plus tôt son rapport, vous engage donc à accepter la proposition qui vous est faite par M. le préfet, et à concourir ainsi à une œuvre utile, digne de toute votre approbation. Elle vous propose, en conséquence, de prendre la délibération suivante :

Le conseil,

Vu le mémoire en date du 17 août 1842, par lequel M. le préfet de la Seine lui fait connaître :

1º L'envoi d'ouvrages et de documens administratifs, qui, par l'intermédiaire de M. Vattemare, ont été adressés à la ville de Paris, au nom de l'État du Maine et au nom des villes de Baltimore, de Boston, de New-York et de Washington, tant par les corporations que par plusieurs honorables citoyens de ces villes ;

2º Un projet d'échange international d'ouvrages et documens ;

Ledit mémoire contenant proposition de faire hommage aux villes dont il s'agit des documens que possède la ville de Paris, notamment des ouvrages ci-après :

1o Comptes et budgets, tant de la ville que du département et des hospices ;

2o Recherches statistiques sur la ville de Paris ;

3o Histoire statistique du choléra ;

4o Collection d'ordonnances de la préfecture de police ;

5o Rapports décennaux du conseil de salubrité ;

6o Rapports sur diverses parties de l'administration ;

7o Monumens de Paris, par M. Baltard ;

8o Les publications du Comité central d'instruction primaire ;

9o Le Journal d'Éducation populaire, bulletin de la société pour l'instruction primaire ;

Vu les deux lettres de M. Vattemare, en date des mois d'octobre 1841 et janvier 1842, ensemble la liste des ouvrages offerts à la ville de Paris :

Considérant que la ville de Paris, heureuse des témoignages particuliers d'estime et de bienveillance qu'elle a reçus de l'État du Maine, des villes de Baltimore, Boston, New-York et Washington, et de ceux de leurs citoyens qui se sont associés à cet acte de civilisation, doit user de réciprocité ;

Considérant que le système d'échange, à l'accomplissement duquel M. Vattemare a consacré des efforts constan s et désintéressés, peut avoir les résultats les plus favorables dans l'intérêt des lettres, des arts et des sciences, et surtout dans celui des relations de sympathie et de vieille amitié qui existent entre les États-Unis et la France ;

Considérant que la ville de Paris est disposée à faire à cet égard tout ce qui sera en son pouvoir, lorsque le projet d'échanges internationaux pourra recevoir son exécution d'après des bases régulièrement établies ;

Délibère :

Art. 1er. M. le préfet est invité à adresser à l'État du Maine et aux villes de Baltimore, Boston, New-York et

Washington, les remercîmens de la ville de Paris, pour l'envoi des ouvrages et documens qu'ils ont bien voulu lui adresser.

Art. 2 M. le préfet est prié de transmettre à chacune de ces villes et à l'État du Maine un exemplaire des publications énumérées ci-dessus et d'y joindre une copie de la présente délibération.

Art. 3. Le conseil se réserve de statuer ultérieurement sur le projet d'échange à établir, lorsque des propositions définitives lui auront été soumises par M. le préfet de la Seine.

Signé au registre : BESSON, président;
LAFAULOTTE, secrétaire.

Pour extrait conforme :
Le Maître des Requêtes, Secrétaire-Général,
L. DE JUSSIEU. »

(10) Les bibliothécaires des principaux établissemens administratifs que j'ai mentionnés dans cet ouvrage, sont :

Chambre des pairs, M. Carrey ; chambre des députés, M. Beuchot, rédacteur du Journal de la Librairie; ministère de la justice, M. Delaigues ; direction des cultes, M. V. Hamille ; Conseil d'État, M. Regnault ; cour de cassation, M. Denevers ; ministère de la guerre, dépôt de la guerre, M. Denaix ; dépôt d'artillerie, M. Terquem ; hôtel des Invalides, M. Jacques ; Ecole polytechnique, M. de Fourcy ; ministère de la marine, M. Bajot ; dépôt de la marine, M. Angliviel ; ministère de l'intérieur, M. de Musset, bibliothèque de la direction des beaux-arts ; M. Léon Vidal, bibliothèque administrative du secrétariat général ; conservatoire de musique et de déclamation, M. Bottée de Toulmont ; préfecture de police, M. Labat ; ministère des travaux publics, école des mines, M. Dufresnoy ; ministère de l'agriculture et du commerce, M. Chareton ; conservatoire des arts et métiers, M. Boquillon ; Bourse, M. Bertera;

ministère de l'instruction publique, M. Marmier; Sorbonne,
M. Burnouf; Observatoire, M. Babinet; Institut, M. Feuil-
let; Ecole de médecine, M. Dezeimeris; ministère des finances, M. Everard; cour des comptes, M. Paris.

TABLE.

FIN.

9 782019 664701